L'anglais avec l'approche Silent Way®

Éditions d'organisation
Groupe Eyrolles
61, bd Saint-Germain
75240 Paris Cedex 05

www.editions-organisation.com
www.editions-eyrolles.com

Le code de la propriété intellectuelle du 1er juillet 1992 interdit en effet expressément la photocopie à usage collectif sans autorisation des ayants droit. Or, cette pratique s'est généralisée notamment dans l'enseignement, provoquant une baisse brutale des achats de livres, au point que la possibilité même pour les auteurs de créer des œuvres nouvelles et de les faire éditer correctement est aujourd'hui menacée.
En application de la loi du 11 mars 1957, il est interdit de reproduire intégralement ou partiellement le présent ouvrage, sur quelque support que ce soit, sans autorisation de l'éditeur ou du Centre français d'exploitation du droit de copie, 20, rue des Grands-Augustins, 75006 Paris.

ROSLYN YOUNG

L'anglais
avec l'approche
Silent Way®

EYROLLES

Sommaire

Deuxième partie
TECHNIQUES D'ENSEIGNEMENT

CHAPITRE 4

D'autres techniques pour mener les élèves sereinement à une autocorrection

TROISIÈME PARTIE

MISE EN APPLICATION CONCRÈTE

CHAPITRE 5

Débuter une année de travail

© Eyrolles

ANNEXES

Remerciements

Plusieurs personnes ont eu la gentillesse de lire ce livre et de suggérer des modifications. Je tiens particulièrement à remercier Éric Lepoint qui, en tant qu'utilisateur de longue date de Silent Way et professeur de français, a pu suggérer de nombreux changements à la fois sur le fond et sur la forme. Sa connaissance de la langue française et son expérience d'enseignant, offertes pendant de longues heures de lecture et de discussions, m'ont été particulièrement utiles.

Christiane Rozet a lu et relu le livre et relevé mes fautes de frappe, un travail indispensable. Elle m'a toujours aidée à poursuivre la tâche. Merci Chris.

De nombreux utilisateurs, débutant avec l'approche, m'ont encouragée à terminer le livre en lisant des chapitres et en me demandant toujours plus de détails, davantage d'exemples. Leur contribution a été un guide pour moi dans mon choix de matériel à inclure. J'espère qu'ils seront satisfaits du résultat!

La version finale a été éditée par Géraldine Couget, que je tiens à remercier. Ses interrogations m'ont obligée à ajouter des explications supplémentaires, utiles aux lecteurs n'ayant jamais eu un contact quelconque avec l'approche.

Préface

Le but de ce livre est de proposer une modification fondamentale dans l'enseignement des langues aussi bien dans les écoles, les collèges, les lycées qu'au niveau universitaire. L'approche que nous proposons requiert deux changements radicaux par rapport à la pratique habituelle.

Le premier est de reconnaître que parler une langue étrangère est un savoir-faire. Ce «savoir-parler-la-langue-anglaise» doit être appris, et donc enseigné, comme le sont tous les autres savoir-faire : par la pratique. Pour mettre en place un savoir-faire comme le ski, l'apprenant pratique l'activité de nombreuses fois, fait des progrès au fur et à mesure, et finit par savoir skier à un niveau qui lui convient. Il peut aller très loin dans l'apprentissage du ski et devenir champion, ou il peut s'arrêter là où il veut, quand il atteint un niveau de ski qui le satisfait. Mais la seule façon de l'apprendre est de pratiquer jusqu'à la maîtrise.

Il en va de même pour l'apprentissage d'une langue étrangère ; il faut parler jusqu'à ce que l'on puisse dire ce qu'on veut avec facilité, et que l'expression soit fluide, simple et automatique.

Le second changement est qu'il est possible de travailler de telle sorte que les activités de l'enseignant émergent directement de l'apprentissage des élèves au fur et à mesure du déroulement de la classe. L'accent est mis non pas sur l'enseignement, mais sur l'apprentissage, et nous proposons de montrer comment il est possible de guider celui-ci pas à pas.

Nous savons tous que ce n'est pas parce que le professeur enseigne que les élèves apprennent. Si c'était le cas, il n'y aurait pas besoin d'examens. Le professeur donnerait son cours, il ferait ce qu'il fait d'habitude, peu importe quoi : ce serait perçu de la même manière par tous, et tout le monde aurait tout appris. Or, tous les enseignants peuvent témoigner que cela ne se passe pas ainsi dans la vie ! Dans cet ouvrage, au lieu d'enseigner au sens habituel de ce terme, en espérant que les élèves apprennent, nous proposons, au contraire, de leur créer des conditions actives d'apprentissage, de les suivre et de les guider dans cet acte. L'enseignant peut apprendre à choisir ses actes pédagogiques en fonction de l'apprentissage des élèves tel que celui-ci se déroule devant ses yeux au fur et à mesure de chaque leçon.

Afin de le faire de façon satisfaisante, il faut savoir avec exactitude comment les élèves apprennent. À cet égard, Caleb Gattegno (voir l'annexe), le créateur de cette approche, propose une description très élaborée de ce qu'est l'apprentissage, description qui sera esquissée au premier chapitre. Ce livre montre comment mettre en pratique ces deux changements dans la classe de langue.

Nous tenons à préciser à ceux qui seraient tentés par cette aventure que la voie que nous proposons n'est pas celle de la facilité, car nous autres enseignants avons profondément en nous l'habitude d'enseigner, de dire ce que les élèves doivent faire et comment ; bref, en un mot, de régenter ! Nous avons trop peu l'habitude d'accompagner nos élèves dans leur apprentissage, et tout le monde sait que les habitudes meurent lentement... Mais nous aimerions encourager les enseignants à s'essayer à cette approche, car il est effectivement possible de travailler de cette façon, non seulement pour le plus grand bénéfice de l'enseignant et de ses élèves, mais aussi pour leur plus grand plaisir.

Avertissement

La lecture de ce livre et son application dans les classes permettront à chaque lecteur de se servir de l'approche Silent Way comme enseignant débutant. Pour l'utiliser de façon plus subtile et tirer profit de tous les avantages qu'elle offre, il est cependant indispensable de suivre une formation sérieuse dispensée par un **formateur compétent**. Il conviendrait de choisir un formateur d'enseignants ayant lui-même suivi une formation approfondie et ayant un minimum d'une dizaine d'années d'expérience dans la salle de classe avec Silent Way. Une Éducation Pour Demain, une association de type loi 1901 spécialisée dans la pédagogie de Caleb Gattegno, peut fournir une liste de formateurs compétents.

« Vivre, c'est échanger son temps contre de l'expérience. »
Caleb Gattegno

PREMIÈRE PARTIE

Introduction à l'approche pédagogique Silent Way

CHAPITRE I

Quelques notions de base

Silent Way, littéralement la « manière silencieuse », est le nom que Caleb Gattegno a donné à son approche pédagogique générale quand elle est appliquée à l'enseignement des langues. Appliquée aux mathématiques, cette approche s'appelle « Les nombres en couleurs », « Géoplans » ou « Animated Geometry », etc. Pour l'apprentissage de la lecture, elle s'intitule « La lecture en couleurs » si un enseignant est présent et, s'il s'agit d'un apprentissage effectué par ordinateur « Dictées en couleurs » ou « La lecture infuse ».

L'expression « Silent Way » indique d'emblée une caractéristique majeure de l'approche : le fait que l'enseignant reste silencieux pendant son cours. Pour autant, « silencieux » ne signifie pas « muet ». Dans ce livre, nous verrons ce que signifie le mot *silent* dans l'approche proposée, et les avantages qu'un enseignant obtient de ce silence.

Cette approche vise à mettre la langue parlée au cœur de l'apprentissage de la langue. Sans négliger l'écrit, elle propose aux enseignants des façons de travailler qui rendent les élèves acteurs de leur apprentissage, tout en leur donnant une manière efficace et plaisante d'entrer dans la langue et/ou de se perfectionner. L'approche propose des outils et des techniques d'enseignement qui offrent aux enseignants la liberté de travailler sur les difficultés du moment, quelles qu'elles soient.

Nous nous servons de l'anglais pour illustrer nos propos, mais les principes pédagogiques restent les mêmes quelle que soit la langue, de sorte que les enseignants qui voudront appliquer cette approche à d'autres langues trouveront des indications susceptibles de les aider à effectuer le transfert. Au-delà des langues, ces mêmes principes péda-gogiques valent aussi pour toutes les matières scolaires.

Enseignement des langues : transmission de connaissances ou construction d'un savoir-faire ?

Dans la vision de l'apprentissage des langues que nous proposons ici, parler une langue est un savoir-faire. On sait parler l'anglais comme on sait skier ou jouer du piano. Or, comme nous le disions dans la préface, il n'existe qu'une façon d'apprendre un savoir-faire, c'est de pratiquer jusqu'à la maîtrise. C'est vrai pour le patinage, le vélo, la guitare et tous les savoir-faire, ça l'est également pour l'apprentissage d'une langue étrangère. Il convient donc d'enseigner délibérément une langue en tant que savoir-faire et non comme une collection de connaissances — des règles, des listes de vocabulaire et de verbes irréguliers. Il s'ensuit que, puisque le professeur sait déjà parler cette langue, il se doit de se taire pour laisser toute la place à l'acquisition d'expérience par ses élèves.

Un avantage important de cette approche réside dans le fait que les savoir-faire restent fonctionnels pendant de longues années. Même sans avoir pratiqué le vélo depuis plus de trente ans, une personne ayant su en faire en retrouve rapidement la maîtrise. Il n'est pas besoin de nager tous les jours pour maintenir son « savoir nager », ou de skier souvent pour garder son « savoir skier ». Même sans entraînement pendant un certain temps et même si la reprise est difficile sur le plan musculaire ou respiratoire, on sait nager, on sait skier. Si l'enseignant procède de façon convenable, les élèves garderont cette langue en eux, elle sera disponible quand ils en auront besoin.

Ainsi, le rôle de l'enseignant n'est-il jamais de transmettre ses connais-sances. En effet, les connaissances ne mutent jamais spontanément en savoir-faire et, de fait, dans aucun domaine il n'existe de relation d'apprentissage entre les connaissances et un savoir-faire. Imaginez que, lors d'une première leçon de patinage, le moniteur dise : « *Bien, nous allons commencer par un cours sur les caractéristiques de la glace en milieu couvert et sur la physique des virages.* » Il conviendrait de changer de moniteur ! Nous savons très bien qu'il nous faut des patins, de la glace et du temps ; si ces trois éléments sont réunis, à condition de commencer à patiner, et d'apprendre par nos erreurs, nous finirons par savoir le faire, plus ou moins bien.

Concrètement, dans la salle de classe que nous proposons, il n'y aura pas d'explications : ni de grammaire, ni sur la prononciation, ni de vocabulaire ou d'expressions idiomatiques, encore moins de culture.

Apprendre une langue en écoutant ou en parlant ?

À la vision d'une langue comme un système sonore que les élèves explorent en l'écoutant, Caleb Gattegno oppose celle d'un système de mouvements que chaque élève doit explorer avec sa bouche et apprendre à contrôler avec son ouïe. Cette proposition semble logique si nous prenons en compte le fait que l'oreille ne contient aucun muscle volontaire, avec comme conséquence que nous n'avons aucun contrôle volontaire sur elle alors que la majeure partie de la bouche est bien sous contrôle volontaire, ce qui signifie que nous pouvons la manipuler « à notre guise ».

Nous entreprenons l'exploration de notre bouche pour la première fois dans notre berceau quand, à l'âge de quelques semaines, nous commençons à babiller, installant par ce biais les systèmes de feed-back qui, quelques mois plus tard, nous permettront d'entrer dans la langue parlée par notre environnement. En classe, ce même type d'exercice mène à l'installation du système de double feed-back exactement comme celui que nous avons tous mis en place pour notre langue maternelle. C'est pourquoi l'enseignant, tout en restant silencieux, propose des exercices qui permettent aux élèves d'entreprendre une nouvelle exploration des sensations produites dans leur système phonatoire et les conséquences produites sur l'oreille.

Les élèves peuvent acquérir une excellente prononciation sans avoir jamais entendu la langue de la bouche de leur enseignant.

L'apprentissage d'une langue : imitation ou recherche et construction ?

Il se trouve que, dans ma jeunesse, j'ai appris à marcher sur un fil. Imaginez que je tende un fil entre les toits de deux bâtiments et que je vous dise, à vous lecteur, « *Allez, on y va. Il suffit de faire comme moi.* » Vous lanceriez-vous ? Bien sûr que non, car vous savez que vous ne pouvez pas m'imiter dans ce domaine. Vous n'avez pas développé une sensibilité accrue à votre centre de gravité, la puissance musculaire dans vos pieds et votre abdomen, et tous les autres détails techniques qui vous permettraient d'y arriver.

C'est un exemple extrême, mais la réflexion montre que, en toutes circonstances sans exception, il n'est possible d'imiter que ce que l'on sait déjà faire. Si les élèves ne possèdent pas déjà le geste, ils ne pourront pas l'imiter. Ils doivent d'abord construire leur savoir-faire. Si l'imitation faisait partie du processus d'apprentissage, nous serions tous des champions de toutes les disciplines qui nous attirent : « *Regarde simplement et fais comme moi.* »

L'imitation existe, bien sûr, mais si quelqu'un imite, il n'est pas au contact de ce qu'il ne connaît pas, que nous appellerons son inconnu. Il utilise des savoir-faire qu'il a déjà mis en place. Cette constatation a des répercussions importantes sur nos choix en classe. En particulier, il est inutile de fournir aux élèves un modèle de la prononciation d'un nouveau son. S'ils peuvent l'imiter, ils font ce qu'ils savent déjà faire. S'ils ne le peuvent pas, l'apprentissage doit avoir lieu.

Comment alors apprend-on des sons totalement nouveaux ? Voici une proposition. En premier lieu, l'apprentissage d'un son nouveau nécessite que l'élève se rende compte qu'il existe, de fait, un son nouveau. Lorsqu'il s'en est rendu compte, il cherche à le créer et se met alors à travailler dans un système à double feed-back. Il utilise deux systèmes indépendants mais étroitement liés, l'appareil vocal et l'oreille. De ces deux systèmes, seul le premier peut être contrôlé de façon volontaire, car tous les muscles de l'oreille sont involontaires. Puisqu'il peut contrôler le système volontaire, en l'occurrence sa bouche — son appareil phonatoire —, il peut produire un son qu'il estime être le plus près possible de celui qu'il vise. Il perçoit ce son avec son ouïe. L'ayant produit avec sa propre bouche, il sait que, d'un point de vue musculaire, il l'a utilisée de telle ou telle façon, nouvelle et étrange et, par conséquent, il sait qu'il doit chercher à entendre un son qui diffère de ce qu'il entend d'habitude. Il peut vraisemblablement prédire, au moins en partie, de quelle manière ce son différera de ceux qu'il produit le plus souvent. Dans cette démarche, l'élève parle avec l'intention délibérée de se donner à entendre ce son inhabituel qu'il est en train de produire. C'est le processus que nous utilisons tous pour énoncer de nouveaux sons. Une fois que l'élève a réussi à produire le son recherché d'une manière qui le satisfait, il doit le pratiquer dans des contextes et des situations variés jusqu'à une complète aisance. C'est ainsi qu'il atteint un niveau de production complètement automatisé et que le processus d'apprentissage de ce son est terminé.

Parler une langue : communication ou expression ?

Dans l'approche Silent Way, la langue est conçue avant tout comme un moyen d'expression personnelle. La raison en est simple : un locuteur n'est responsable que de ce qu'il émet. Nul ne peut assumer une quelconque responsabilité par rapport à la manière dont son interlocuteur l'écoute, ni pour la place que celui-ci fait en lui pour les opinions exprimées par le locuteur. Nul ne peut savoir si la communication a réellement eu lieu, ni à quel point. C'est pourquoi l'enseignant qui se sert de l'approche Silent Way vise à ce que ses élèves utilisent la langue comme un moyen d'expression personnelle de leurs pensées, leurs perceptions et aussi leurs sentiments et émotions. Il cherche à faire en sorte que ses élèves maîtrisent ce qu'ils disent, qu'ils s'expriment de façon claire et précise dans cette nouvelle langue. Si les élèves apprennent à bien s'exprimer, la communication aura peut-être lieu.

Le caractère éphémère de la langue

Dans nos vies de tous les jours, quand quelqu'un nous parle, soit nous l'écoutons, en utilisant nos pouvoirs mentaux, nos capacités, pour maintenir en nous la trace de ce qui a été dit, soit le discours disparaît à tout jamais. Les langues sont éphémères par nature. En outre, pour retenir ce qui a été dit, nous extrayons le sens de ce que nous entendons et laissons disparaître les mots, si bien que, si on nous demande de répéter ce que nous venons d'entendre, nous recréons l'idée en utilisant nos propres mots plutôt que nous souvenir de ceux utilisés par notre interlocuteur.

Il faut contrecarrer ce fonctionnement linguistique normal si l'on veut que l'apprentissage d'une nouvelle langue soit efficace. En effet, pour que les élèves apprennent la langue bien et facilement, il faut qu'ils remarquent comment un locuteur construit ses phrases.

Enseigner quoi ?

Quand un enseignant utilise l'approche Silent Way, il commence avec « les bases de la langue ». Il convient donc de préciser ces « bases ».

Une façon pratique d'établir ce qu'il faudrait enseigner est de voir quels aspects de la langue les élèves trouvent le plus difficile à apprendre et de leur donner la priorité. Dans presque tous les cas, les élèves auront l'occasion de continuer à travailler sur la langue après la fin de ce cours, donc l'enseignant sait qu'il n'a pas besoin de tout travailler. Il va donc se concentrer sur ce que les élèves apprendront difficilement d'eux-mêmes.

Or, en observant des locuteurs qui parlent couramment un très mauvais anglais, nous remarquons qu'ils enfilent souvent les mots les uns après les autres dans un ordre dicté par leur langue maternelle. Ils n'utilisent pas les constructions standards de la langue cible. Les relations temporelles sont indiquées par quelques adverbes comme « aujourd'hui », « hier » et « demain » plutôt que par une construction de phrases complexes. Les verbes sont utilisés à l'infinitif, ou en un temps simple, toujours le même. La plupart des pronoms sont absents, comme le sont beaucoup de prépositions. Leur prononciation est basée sur celle de leur langue maternelle, les voyelles en particulier sont systématiquement assimilées à celles qu'ils connaissent déjà. Donc ce sont ces domaines qu'il convient de travailler en profondeur, car ce sont ces domaines que les élèves pourraient ne pas apprendre sans l'aide de l'enseignant.

Il est important que l'oreille des élèves soit formée pour qu'ils entendent la langue de façon convenable quand elle est parlée par des natifs. Si les élèves quittent la classe en sachant comment écouter la langue, ils disposent d'une excellente base pour continuer à apprendre seuls. En ce qui concerne la langue anglaise, les francophones disent souvent que les anglophones « mangent leurs mots » ou « n'articulent pas ». Cela nous alerte sur le fait que l'oreille de nos élèves n'a pas été formée à la langue. Nous aurons à travailler l'écoute pour qu'ils apprennent à entendre l'anglais ou, s'ils sont débutants, pour éviter que cette situation se développe. Il faudra travailler la prononciation des sons, mais aussi et surtout le rythme et l'intonation, et tous ces aspects devront être automatisés convenablement.

Notre priorité sera donc de travailler sur les relations personnelles, temporelles et spatiales, c'est-à-dire d'effectuer un travail sur les pronoms, les temps verbaux, les prépositions, les adverbes... Nous laisserons de côté le vocabulaire ordinaire de la langue. D'une part, notre locuteur parlant couramment un mauvais anglais nous montre qu'il est possible d'acquérir le vocabulaire dont il a besoin sans notre aide — ce sont les structures qui lui manquent, pas le vocabulaire. D'autre part, nous ne pouvons pas savoir de quel vocabulaire nos élèves auront besoin. Auront-ils à réserver une chambre d'hôtel, à négocier un contrat, à vendre des sandwiches ou à acheter des produits industriels ? Nous n'en avons aucune idée, et souvent les élèves ne le savent pas eux-mêmes. En revanche, s'ils prononcent bien la langue, s'ils l'entendent bien, s'ils possèdent la plupart des structures et ont développé une sensibilité à la façon dont les locuteurs natifs utilisent la langue, ils pourront continuer leur apprentissage après ce cours. Nous pouvons compter sur leur capacité à acquérir le vocabulaire seul plus tard. Notre locuteur d'un anglais de mauvaise qualité nous le démontre clairement.

L'approche Silent Way prend en compte les quatre habiletés — expression, compréhension, lecture et écriture —, mais elle considère l'oral comme le fondement naturel de l'apprentissage de la langue étrangère. En effet, nous constatons que c'est dans l'oral que les apprenants puisent leurs critères quant à la justesse de leurs choix linguistiques. Quand un non-natif doute d'une construction, il dit la phrase, souvent à haute voix, et « ça sonne juste » ou non.

Il est nécessaire d'acquérir des structures pour maîtriser la langue ; celles-ci sont donc travaillées avec soin. De même, dans cette approche, la prononciation de la langue occupe une place importante, car nous visons très haut pour nos élèves et voulons qu'ils atteignent une vraie maîtrise de la nouvelle langue. L'accent est mis de façon équilibrée sur les sons, le rythme, la mélodie, l'intonation, même si on favorise tel ou tel aspect selon la langue étudiée, chacune ayant sa spécificité propre dans ce domaine[1].

Dans un cours pour débutants, l'écriture est introduite dès les premières leçons, le plus souvent sur la base de ce qui vient d'être appris oralement, et la lecture suit immédiatement. Il existe un matériel pédagogique, qui sera décrit ci-dessous pour faciliter le travail de l'enseignant. En revanche, dans un premier temps, on laisse de côté le vocabulaire dit « de luxe » afin de mettre l'accent sur ce que Caleb Gattegno appelait « l'esprit de la langue », la manière de penser des natifs, leur façon de l'utiliser pour l'expression des relations personnelles, spatiales et temporelles.

La subordination de l'enseignement à l'apprentissage

Cette approche se distingue par le fait que l'enseignant essaie à tout moment de subordonner son enseignement à l'apprentissage de ses élèves. Il n'est pas « celui qui sait », dont le rôle est de transmettre ses connaissances. La « transmission de connaissances » est en réalité une illusion. Il est tout à fait impossible de transférer des connais-

---

1. Le terme « intonation » est utilisé ici pour décrire les montées et descentes conventionnelles de la voix dans la langue parlée. L'intonation a fait l'objet de nombreuses études depuis des décennies. Le terme « mélodie » est employé pour parler d'autres facteurs présents dans la langue parlée : des changements dans la qualité de la voix causés par la colère, la lassitude, l'enthousiasme, la joie, la surprise, l'ironie, etc. Il est certain que ces éléments influencent l'intonation, mais ils influencent aussi les qualités émotionnelles de la voix, au-delà des structures imposés par la forme linguistique. L'intonation est une fonction du langage ; la mélodie des êtres humains.

sances d'une personne à une autre. Celle qui les possède déjà peut les exprimer, les enseigner, mais l'apprenant doit faire lui-même ce qu'il faut pour les apprendre, et cela est un acte personnel. Ainsi, cette expression, la transmission de connaissances, phrase utilisée si couramment, recouvre un processus complexe, et non reconnu, d'enseignement et d'apprentissage.

Dans l'approche pédagogique de Caleb Gattegno, l'enseignant sait comment enseigner pour que ses élèves apprennent des savoir-faire. Il sait décrire théoriquement les apprentissages et les provoquer. Il sait comment greffer son enseignement sur les apprentissages spontanés de ses élèves. C'est-à-dire qu'il sait comment faire pour que chaque élève possède rapidement un savoir-faire. Posséder un « savoir parler une langue », pour prendre cet exemple, ne signifie pas la même chose qu'« avoir des connaissances de la langue ». Il arrive souvent qu'à la fin de l'apprentissage, les élèves aient très peu d'idée de ce qu'ils ont fait de leur temps, mais ils savent qu'ils ont une langue à disposition parce qu'ils peuvent la parler. Ils ont fait un certain nombre de choses associées à l'apprentissage des langues et il en résulte le fait de savoir parler la langue.

Concrètement, l'enseignant fournit à ses élèves des situations visibles et tangibles et leur montre comment on les décrit dans la nouvelle langue. Une fois la situation présentée, il sollicite ses élèves pour qu'ils essaient de parler et fournit un feed-back en continu afin que leurs productions soient correctes. En pratique, ce sont souvent les élèves qui se corrigent les uns les autres, car ils développent rapidement des critères de jugement par rapport à la nouvelle langue et sont en mesure de fournir le feed-back à la place de l'enseignant.

Caleb Gattegno exprimait souvent cette relation en disant que « *l'enseignant travaille sur l'élève et l'élève travaille sur la langue* ». Ainsi, le rôle de l'enseignant n'est-il pas d'enseigner dans le sens habituel de ce terme. Il est là pour fournir le feed-back qui fait gagner du temps aux élèves dans leur apprentissage de la langue.

Le feed-back continu

L'une des caractéristiques particulières de cette approche pédagogique est que l'enseignant évalue continuellement l'apprentissage de ses élèves et utilise un processus de feed-back continu pour corriger toutes les erreurs au fur et à mesure du déroulement de chaque leçon.

Pendant tout apprentissage, et surtout celui d'une langue étrangère, les erreurs non corrigées des élèves finiront par se fossiliser et deviendront impossibles à extirper, laissant les élèves en fin d'apprentissage avec une qualité de langage parlé très inférieure à ce qui aurait été possible. Pour éviter qu'une telle situation se développe, l'enseignant a la responsabilité de ne pas laisser s'installer des erreurs. Il sait que chaque fois qu'il n'intervient pas, il augmente le risque que ses élèves n'atteignent jamais un haut niveau dans la langue. Du point de vue éthique, il n'est pas acceptable qu'un enseignant décide délibérément de ne viser que la médiocrité pour ses élèves. La déontologie professionnelle voudrait que les élèves aient la possibilité d'exceller dans ce domaine, comme d'ailleurs dans tous les autres. C'est pourquoi les enseignants se servant de Silent Way sont très attentifs à la qualité de l'apprentissage.

Le fonctionnement de la mémoire
et le coût des apprentissages

Du point de vue de l'économie de notre énergie personnelle et de notre temps, les apprentissages peuvent être de deux types selon la quantité d'énergie personnelle que nous devons dépenser pour les effectuer. Certains apprentissages coûtent extrêmement cher en énergie, alors que d'autres sont pour ainsi dire gratuits.

Les apprentissages « onéreux » : la mémorisation

Chaque fois que nous devons mémoriser des faits arbitraires, nous sommes obligés de dépenser notre propre énergie pour les « coller » dans notre mémoire. Le coût énergétique peut en être élevé, surtout si le sujet ne nous intéresse pas. Beaucoup d'apprentissages scolaires sont de cette nature. Les dates d'histoire, le vocabulaire d'une langue étrangère, les tonnages de blé récoltés en tel endroit de la terre en telle année, le nom de rivières ou de chaînes de montagnes, les formules mathématiques et les théorèmes relèvent tous de ce genre d'apprentissage, car toute cette information est arbitraire pour les jeunes apprenants.

Cependant l'école n'est pas le seul endroit où ce genre d'apprentissage est nécessaire. La première fois que nous rencontrons une personne, nous devons apprendre son nom, et celui-ci est arbitraire, du moins pour ceux qui ne font pas partie de sa famille. Frédéric aurait pu s'appeler Henri ou Laurent. Les numéros de téléphone sont arbitraires également. Pour tous les apprentissages de ce genre, nous devons utiliser notre énergie propre pour que le fait arbitraire soit mémorisé. La « colle mentale » coûte cher et, par conséquent, ces apprentissages utilisent beaucoup d'énergie.

Par ailleurs, non seulement ces apprentissages sont coûteux, mais ils ont pour caractéristique d'être très fragiles. Beaucoup de personnes ont des difficultés pour se souvenir de ce type de fait. Même avec un véritable effort, elles sont souvent prises au dépourvu. Par exemple, elles reconnaissent un visage, sans pouvoir y associer le nom de la personne. Et que dire de ce qui a été appris de cette façon à l'école ? Combien d'heures d'histoire y avons-nous suivi ? Et combien de cette histoire reste dans notre mémoire quelques années plus tard ? Nous oublions en très peu de temps la plupart de ce qui a été mémorisé.

Les apprentissages gratuits : la rétention

Il existe une autre manière de fonctionner, que Caleb Gattegno nomme la rétention. Ce mot désigne la réception et le stockage d'images sensorielles en chacun de nous. Quand nous regardons, que ce soit une rue, un film, une personne ou un beau paysage, des photons quittent ce que nous voyons pour entrer dans nos yeux et frapper notre rétine. Quand nous écoutons, nous fabriquons des images auditives qui font que nous pouvons nous rappeler ce que nous avons entendu. Nous avons des images tactiles également — du sable chaud sous nos pieds ou du miel sur nos doigts — et des images gustatives — le goût du miel de lavande, d'un vin, ou de la purée de pommes de terre, par exemple. Nous n'avons pas besoin de payer de notre personne pour retenir de telles images. Elles entrent en chacun de nous très facilement à condition que nous n'essayions pas de les mémoriser, et elles persistent très longtemps. Tout le monde en possède de ce genre. Il serait impossible de vivre sa vie sans elles.

Illustration

– Je suis allée au Japon une année et j'ai passé plusieurs semaines à Osaka. Chaque matin, j'arrivais à la gare d'Umeda, terminus de tous les trains locaux, et je me trouvais dans un immense dédale de passages souterrains. J'ai fini par trouver le chemin pour traverser ces passages jusqu'au bout, je suis montée à la surface et suis allée à ma classe. J'ai fait cela tous les jours pendant un mois. L'année suivante, je me suis retrouvée à Umeda, et j'ai pu retrouver mon chemin dans ce dédale de passages sans problème, même si certains magasins avaient changé. J'avais retenu la disposition générale de ce complexe de passages l'année précédente.

– Je connais plusieurs supermarchés dans ma ville, et d'autres dans d'autres villes où j'ai passé des vacances ces dernières années. Assise dans ma cuisine, je peux écrire ma liste de courses, me promenant mentalement dans le supermarché que j'ai l'intention de visiter un peu plus tard dans la journée. Je peux vérifier par la pensée que j'ai à la maison ce qui se trouve dans chacune des allées que je visite mentalement. Je n'ai jamais essayé de mémoriser ces magasins. Je n'ai même pas conscience d'avoir remarqué comment ils étaient disposés. Je constate simplement que je possède des images claires et précises après y être allée une ou deux fois seulement. Je retiens leur disposition en m'y promenant et en remarquant où ils placent les articles que j'achète. De même, je connais les hôtesses de caisse dans le supermarché que je fréquente le plus souvent, simplement parce que je les ai vues un certain nombre de fois.

Ce système de rétention est extrêmement efficace. Nous nous rappelons de vastes quantités de choses simplement parce que nous les avons vues, entendues, senties, ou goûtées. Beaucoup de ces images sont avec moi depuis des décennies — les cours de récréation de mes écoles primaires et secondaires, là où je prenais le bus tous les matins, les magasins que je fréquentais à l'époque, notre jardin, le goût des pommes cueillies sur l'arbre et des quantités d'autres images. Ce sont elles qui nous permettent tous de garder le contact avec notre vie tout au long des années. Elles sont en effet très durables. Cette faculté à retenir fait partie de notre nature humaine. C'est elle qui nous permet de nous promener dans notre ville sans nous perdre, de faire la cuisine, ou de lire un livre.

Caleb Gattegno nous propose donc de fonder l'éducation tout entière non pas sur la mémorisation, qui coûte très cher en énergie et qui est très souvent défaillante, mais sur la rétention et ce, à chaque fois que c'est possible, en l'occurrence, presque toujours. Les applications qu'il a mises au point utilisent systématiquement notre faculté de rétention.

La notion d'« ogden »

L'idée de veiller à ce que les apprentissages soient toujours « bon marché » nous mène directement à la notion d'« ogden », créée par Caleb Gattegno.

Un ogden est une unité de « colle mentale », celle qui est nécessaire pour « coller » un fait arbitraire dans la mémoire. Cette unité de mesure n'est pas stricte, en ce sens que nous ne pouvons pas encore chiffrer la quantité d'énergie impliquée chaque fois qu'il faut dépenser un ogden, mais elle sert de guide dans la réflexion sur les pratiques de classe.

Un exemple parlant est celui de la numération. Dans cet univers, il est très facile de compter le nombre d'ogdens nécessaires pour compter jusqu'à un million et au-delà. Voici comment l'on procède (pour plus d'informations concernant la manière d'enseigner la numération, voir le chapitre 8).

On utilise la disposition suivante[1] :

I	2	3	4	5	6	7	8	9	Ligne I
II	I2	I3	I4	I5	I6	I7	I8	I9	Ligne 2
I0	20	30	40	50	60	70	80	90	Ligne 3
I00	200	300	400	500	600	700	800	900	Ligne 4

Pour la langue anglaise, la première ligne, de 1 à 9, coûte 9 ogdens, car chaque mot doit être mémorisé.

Dans la deuxième ligne, les mots pour 11 et 12 coûtent 1 ogden chacun ; la terminaison « teen » coûte 1 ogden, et ensuite 14, 16, 17, 18 et 19 sont gratuits, car ils ne demandent pas que l'on se souvienne d'un nouvel élément, puisqu'on possède déjà la première ligne, mais seulement du processus à engager pour les obtenir. Les éléments « thir- » et « fif- » coûtent chacun 1 ogden. Le total pour cette ligne est de 5 ogdens.

Dans la troisième ligne, les mots ou éléments « -ty », « ten » et « twen- » coûtent chacun 1 ogden, et tout le reste est obtenu par construction. Le coût de cette ligne est donc de 3 ogdens.

---

1. Gattegno C., *The Common Sense of Teaching Mathematics*, Educational Solutions, U.S., 1974, p. 14.

La quatrième ligne coûte 1 ogden, pour le mot « *hundred* ».

Ensuite, pour monter jusqu'à 1 000 000, il faut ajouter les mots « *thousand* » et « *million* », et on peut construire tous les autres éléments. La numération au-delà de 999 et jusqu'à 999 999 999 ne coûte que 2 ogdens supplémentaires.

Ainsi on arrive à un total global de 20 ogdens, c'est-à-dire vingt éléments qu'il faut mémoriser. Tout le reste peut être appris par construction et logique. C'est la pratique qui apportera l'aisance et la confiance en soi.

Caleb Gattegno invite les enseignants à garder à l'esprit que l'apprentissage par cœur coûte très cher en énergie mentale, et qu'il est non fiable, puisque les élèves oublient. Le fait de compter les ogdens aide les enseignants à estimer quel « poids » de la mémoire ils imposent à leurs élèves et jusqu'à quel point ils les obligent à mémoriser, avec les conséquences que nous connaissons — oublis, nécessité de révisions constantes et souvent dégoût pour la matière.

La présence

La notion de « présence » est essentielle dans l'approche Silent Way. Quand une personne est dans l'ici et le maintenant, quand son esprit est ouvert à ce qui se passe et va se passer, quand elle attend dans un état d'ouverture mentale, prête à accueillir ce qui se présente, on dit qu'elle est « présente ». Dès que quelque chose se passe, elle se concentre. La présence décrit un état d'ouverture, de concentration, de focalisation. Souvent, la présence précède la concentration.

La présence est naturelle, et ne coûte rien en énergie humaine, contrairement à l'attention, qui coûte en tension justement, même si l'origine latine de ce mot n'est pas liée à la tension. Nous sommes présents gratuitement, nous payons pour être attentifs.

Le contraire de la présence, l'absence, est bien connu des enseignants. L'absence est engendrée surtout par l'ennui. Jacques Prévert capture joliment la fuite de la présence des élèves dans son célèbre poème, «*La page d'écriture*» : «*Deux et deux quatre/Quatre et quatre huit/ Huit et huit font seize... Répétez! dit le maître/Mais tous les autres enfants écoutent la musique/Et les murs de la classe s'écroulent tranquillement/Et les vitres redeviennent sable, l'encre redevient eau/Les pupitres redeviennent arbres/La craie redevient falaise/Le porte-plume redevient oiseau.*» Quelle belle description de ces enfants dont la présence s'échappe devant l'ennui qu'engendre une énième demande de répétition!

La présence de l'apprenant est caractéristique de tout véritable apprentissage et sera absolument nécessaire pour l'apprentissage de la langue. Toutefois il ne suffit pas à l'enseignant de crier : «*Freddy, tu es dans la lune! Attention!*» Il a besoin de techniques qui font que les Freddy de ce monde ne soient pas tentés de s'échapper par la pensée, parce qu'ils sont happés par ce qui se passe dans la salle de classe. Cette approche est conçue pour fournir des techniques qui rendent la fuite des Freddy bien moins probable.

Les quatre stades de l'apprentissage

Caleb Gattegno est le premier chercheur à avoir proposé une théorie générale de l'apprentissage qui vaut pour tous les apprentissages de la vie, de la marche à la marelle, de la langue maternelle à une langue étrangère, de la lecture aux mathématiques, et même de l'éducation de ses propres sens. Les pratiques pédagogiques basées sur cette théorie nous montrent que toutes les matières scolaires sont bien mieux intégrées quand leur enseignement tient compte de façon convenable de ces principes de l'apprentissage.

Selon cette théorie, tout apprentissage se fait par prises de conscience. Celles-ci peuvent être isolées ou multiples, souvent en cascade, mais elles sont la base de tout apprentissage, et sont toujours présentes quand un apprentissage a lieu. Par «prise de conscience», Caleb Gattegno entendait les petits mouvements de l'esprit qui nous permettent de rester en contact avec notre environnement, intérieur et extérieur.

Illustration

Je suis en train de faire la vaisselle. Je prends un verre et j'ai conscience de la pression que je peux exercer sans courir le risque de le casser. Quand je soulève une casserole quelques instants plus tard, je la nettoie avec une éponge, utilisant beaucoup plus de pression que pour le verre, puis je fais courir mes doigts sur la surface et prends conscience immédiatement des petites aspérités qui me disent qu'elle n'est pas encore propre, et que je devrais frotter exactement ici et puis là. Je sais qu'elle est propre quand j'ai conscience que mes doigts ne détectent plus d'aspérités. Pour chaque objet que je lave, j'ai conscience de la pression que je peux exercer, et de son état de propreté quand j'ai fini.

Chaque mouvement de mon esprit constitue une prise de conscience, car j'en ai conscience. Dès que je dis « j'en ai conscience », c'est que j'en ai pris conscience un instant avant.

Tous les apprentissages peuvent être décrits par un processus en quatre stades.

Le premier stade consiste en une seule prise de conscience, celle qu'il existe quelque chose à apprendre. Tant qu'un apprenant ne se rend pas compte de cela, l'apprentissage ne peut pas commencer. C'est un lieu commun, cependant incontournable.

Le deuxième stade est celui des essais suivis de réussites et d'échecs. L'apprenant sait ce qu'il doit faire pour commencer son apprentissage et lance une tentative, qui donne ce qu'elle donne. Il prend conscience du résultat, et ajuste la tentative suivante en fonction de ce qu'il a perçu du résultat de la première. Ainsi, il ajuste ses tentatives jusqu'à ce qu'il soit satisfait du résultat. Une des choses qui caractérisent ce stade est la nécessité pour l'apprenant d'être entièrement présent à ce qu'il fait et à ce qu'il perçoit. Personne ne peut apprendre sans cette présence. Cela aussi est un lieu commun.

Notons au passage que se sentir présent est agréable pour les êtres humains, voire grisant et même jubilatoire. C'est pourquoi les enseignants se servant de Silent Way font tout ce qu'ils peuvent pour s'assurer de la présence constante de tous leurs élèves. L'approche a été conçue pour favoriser cette présence, et certaines techniques créées à cette fin seront illustrées dans les chapitres à venir.

Le troisième stade est celui au cours duquel l'apprenant retire sa présence de son apprentissage, parce que celui-ci s'automatise. D'ailleurs, c'est justement parce qu'il en retire sa présence que nous savons que l'apprentissage est achevé. Ainsi, cela est une étape de transition. Au début de cette étape, il faut que l'élève soit entièrement présent à ce qu'il fait, alors qu'à la fin ses automatismes sont en place et il est libre d'entreprendre un autre apprentissage.

Le quatrième stade est celui du transfert. Chaque fois que c'est utile, tout apprentissage automatisé peut être réutilisé dans tout autre apprentissage dans lequel l'apprenant se lance ultérieurement. Si l'on sait faire du vélo, l'équilibre nécessaire à cette action est acquis et reste disponible pour tout autre apprentissage futur nécessitant de l'équilibre ; la coordination « mains symétriques » et « jambes en alternance » est à disposition ; et ainsi de suite.

Ces quatre stades guident l'enseignant tout au long de ses leçons.

Qu'est-ce qui donne les meilleurs résultats : la pratique ou la répétition ?

Caleb Gattegno nous propose d'établir une distinction entre la pratique et la répétition.

La répétition est une activité itérative qui a lieu sans que celui qui l'effectue ne soit présent à ce qu'il fait. Il peut faire le geste répétitif tout en s'échappant par la pensée de la situation vécue. De fait, dans le travail à la chaîne d'autrefois, c'est précisément en s'absentant mentalement de ce lieu où les gestes répétitifs se produisent que les ouvriers parvenaient à tolérer leurs conditions de travail. Pour ceux qui ont vu *Les Temps modernes* de Charlie Chaplin (1936), on y observe un bon exemple de répétition. Un geste répétitif est un geste non habité, comme celui de Charlot qui visse les boulons de sa machine jusqu'à l'emballement.

La « **pratique** », au contraire, est utilisée par Caleb Gattegno pour parler d'une activité qui nécessite de la présence. Une descente de ski sur une pente difficile demande que le skieur soit présent à ce qu'il fait à chaque instant, même si cette descente est effectuée dix fois dans la journée. C'est pourquoi on parle de « pratique » du ski. La pente reste la même pour chaque descente, mais celui qui descend est différent chaque fois, précisément parce qu'il l'a déjà fait un certain nombre de fois, et cette descente-ci constitue ce nombre de fois + 1. Malgré la nature itérative de l'activité, une présence sans faille est requise.

© Eyrolles

La notion de rentabilité

La notion d'ogden est fortement liée à celle de « rentabilité ». Elle conduit à des choix quant à l'utilité relative des mots. Dans cette approche, tous les mots présentés ont un fort potentiel de rentabilité. Des mots comme « *lawn* » ou « *flower* » ne sont utiles que de temps en temps. D'autres comme « *hello* » ou « *goodbye* » sont utiles pendant une minute au début et à la fin de la leçon, pour des raisons sociales. Les mots « *the* » et « *is* » seront nécessaires dans un grand nombre de phrases. Nous allons donc privilégier les mots « *the* » et « *is* » ainsi que tous les autres de ce genre aux dépens des noms communs à faible rentabilité.

Il existe une exception : le mot « *rod* », qui signifie « réglette » en français. Ce mot peut être considéré comme un « joker », comparable au « x » en algèbre, car son destin est d'être transformé en beaucoup d'autres mots une fois que les structures seront en place. Si nos élèves savent dire « *ma réglette est plus grande que la tienne* », ils pourront substituer « voiture » ou « maison » ou des centaines d'autres mots au mot « *rod* » dans cette phrase le moment venu. Le début de l'apprentissage sera consacré à une maîtrise du vocabulaire fonctionnel.

Le rôle de l'enseignant

Étant donné les différents points soulevés dans ce chapitre, et cette description de l'apprentissage, le rôle de l'enseignant est complètement transformé, quelle que soit la matière enseignée. Il doit non pas transmettre ses connaissances, mais mettre en place des situations dans lesquelles les élèves peuvent faire les prises de conscience requises par la discipline étudiée et s'engager dans la pratique nécessaire à sa maîtrise. Dans un autre contexte, Caleb Gattegno disait : « *Votre travail n'est pas d'enseigner la lecture, mais d'engager vos élèves dans des activités dont le sous-produit est la lecture.* » L'enseignant se doit de créer de bonnes questions et des situations fructueuses qui mèneront à de nombreuses prises de conscience. De fait, trois des façons de juger de la qualité d'une leçon de langue étrangère sont :

◆   relever le nombre de prises de conscience possibles et estimer combien ont été faites ;

◆   estimer le nombre d'ogdens dépensés et s'assurer que ce nombre reste faible ;

◆   regarder combien de temps a été laissé aux élèves pour la pratique indispensable.

L'enseignant devra s'assurer que ses élèves parlent autant que possible. Il le fera en construisant des situations pédagogiques visibles et tangibles et en demandant aux élèves de s'exprimer sur ce qu'ils perçoivent ici et maintenant.

Les outils dont il dispose pour les y aider seront décrits dans le chapitre suivant.

CHAPITRE 2

Description des outils : le matériel didactique

L'enseignant dispose d'un matériel pédagogique pour l'aider à fonctionner efficacement dans la classe. Ce matériel joue un rôle très important. Il consiste en une boîte de réglettes Cuisenaire, un pointeur télescopique en métal et un jeu de trois sortes de panneaux en couleurs, à afficher au mur de la classe : le panneau sons/couleurs de rectangles colorés montre les sons de la langue étudiée, le « Fidel » montre la relation exacte entre la prononciation de la langue et son écriture, et les panneaux de mots fournissent le vocabulaire fonctionnel. Voici une description plus complète de ce matériel.

Les réglettes Cuisenaire

Pour des classes de niveau débutant ou intermédiaire faible, l'enseignant se sert de réglettes Cuisenaire. Ce sont des bâtonnets de bois ou de plastique mesurant entre 1 et 10 cm de longueur et ayant une section de 1 cm². Les réglettes sont peintes de telle façon que toutes celles ayant une même longueur soient de la même couleur. Elles sont faciles à manipuler et servent à créer des situations pédagogiques visibles de tous.

Les réglettes peuvent également être utilisées de façon symbolique. Ainsi une réglette verte debout sur la table peut représenter Monsieur Vert, un personnage fictif dont on peut parler pendant le cours. Elles servent aussi à suggérer des maisons avec leurs meubles, des villes et des villages, des gares, des histoires de vie... Elles peuvent servir à symboliser des constructions grammaticales également.

Dans un cours pour débutants, les réglettes permettent à l'enseignant de construire devant les élèves des situations non ambiguës et directement perceptibles. Il peut indiquer par des gestes qu'il va traiter de la longueur relative des réglettes ou de leur couleur, de leurs positions relatives les unes par rapport aux autres ; il peut les placer près ou loin les unes des autres, les donner aux élèves, les reprendre, les échanger.

L'aspect le plus important de l'utilisation des réglettes est le fait que, chaque fois que l'enseignant initie une situation devant les élèves, si elle est bien construite, ces derniers savent, avant que le premier mot soit prononcé, ce que la phrase à venir va signifier. Autrement dit, avant l'utilisation du langage pour une situation donnée, la communication a déjà eu lieu. Ainsi l'accent est placé fermement sur le fait qu'apprendre une langue n'est pas la même chose qu'apprendre à communiquer. La communication ne requiert pas la maîtrise d'une langue, loin de là. Dans cette classe, les élèves auront à apprendre à parler la langue correctement et pas simplement à communiquer.

Comme il a été expliqué dans le premier chapitre, quand les êtres humains écoutent quelqu'un parler, leur fonctionnement normal consiste à extraire l'idée exprimée des mots utilisés et à laisser disparaître les mots. S'il leur est demandé de reformuler l'idée, ils la recréent, utilisant leurs propres mots, plutôt que de chercher à se souvenir de ceux utilisés par le locuteur originel. Ce fonctionnement linguistique habituel doit être modifié si l'élève désire apprendre une langue étrangère facilement et bien. Il doit apprendre à faire attention au message, bien sûr, mais il doit également remarquer la manière dont le locuteur s'est exprimé. Une utilisation judicieuse des réglettes permet à l'enseignant d'évacuer la communication comme raison de parler, en faisant en sorte qu'avant que quelqu'un ait dit quoi que ce soit, elle ait déjà eu lieu. Ainsi, quand la langue est utilisée, tout le monde sait que le problème est de dire exactement ce que la situation requiert, et pas simplement de communiquer l'idée, de faire en sorte que le message passe. L'accent est placé sur la qualité du langage utilisé.

Le panneau sons/couleurs

L'enseignant dispose d'un panneau sons/couleurs. C'est un panneau cartonné mesurant 60 cm par 40 cm, destiné à être fixé au mur. Ce panneau contient un certain nombre de rectangles de couleurs imprimés sur fond noir. Chaque couleur représente un phonème de la langue étudiée et il y a donc autant de couleurs que de phonèmes. Les couleurs sont systématisées, si bien qu'une couleur quelconque représente toujours le même son, qu'il se trouve sur le panneau sons/couleurs, le « Fidel » ou les panneaux de mots.

Pour les langues comme le français ou l'anglais, certains rectangles sont composés de deux couleurs qui représentent les diphtongues et d'autres sons complexes. Par exemple, en anglais, le son /ei/ contient les sons /e/ et /i/ et, par conséquent, le rectangle correspondant à /ei/ est constitué des couleurs de /e/ et de /i/, avec le premier son, /e/, au-dessus.

La disposition des rectangles

Sur le panneau sons/couleurs, les voyelles se trouvent dans la partie supérieure et les consonnes dans la partie inférieure. Les voyelles sont disposées sur quatre lignes, la ligne du bas comportant les voyelles longues, la deuxième, les voyelles brèves. Les diphtongues sont alignées sur la troisième ligne, chacune au-dessus de la première de ses deux voyelles constituantes ; par exemple, la diphtongue /ei/ se place au-dessus du rectangle qui représente le son /e/ et ainsi de suite. La quatrième ligne contient les diphtongues centrantes /iə/, /eə/ et /uə/.

Les consonnes se situent en bas du panneau entre deux lignes blanches. La disposition des consonnes reflète la logique du système consonantique de l'anglais, les sourdes sur la première ligne avec les sonores correspondantes sur la deuxième ligne. Elles sont regroupées par point d'articulation.

Les semi-consonnes /j/ et /w/, ainsi que le son /r/ sont situées juste en dessous de la ligne blanche qui sépare les voyelles des consonnes, car ces consonnes seront considérées ici comme des formes consonantiques des voyelles dont elles sont les plus proches. Ce placement nous permet d'illustrer facilement ce lien.

Le /h/

Le /h/ ne se situe ni sur une ligne, ni sur une colonne, car il est de nature très différente des autres consonnes. Il correspond simplement à l'ouverture de la glotte.

Le « schwa » (/ə/), le « schwi » et le « schwu »

Trois sons ont été placés tout en bas du panneau sons/couleurs. Il s'agit des trois sons neutralisés, le « schwa » (/ə/), le « schwi » et le « schwu ». Ils jouent un rôle très particulier dans cette langue, et leur position reflète ce rôle. Ils n'apparaissent pas sous forme de rectangle, mais comme des petits points, car ils sont toujours extrêmement brefs. Leur emplacement illustre le fait que ces sons sont toujours prononcés avec un ton bas et ne sont jamais accentués. Le point jaune du « schwa » se retrouvera sur les panneaux de mots sous toutes les syllabes réductibles. Ils seront décrits plus en détail au chapitre 5.

L'utilisation du panneau sons/couleurs

En se servant d'un pointeur, l'enseignant peut faire produire à ses élèves n'importe quel mot ou phrase de la langue cible s'ils connaissent la correspondance entre les sons et les couleurs, même s'ils ne connaissent pas la langue. Il suffit de pointer sur les rectangles correspondant aux sons qui composent les mots pour que ces mots soient prononcés par les élèves, sans l'être par l'enseignant. Ce panneau facilite le travail de tout enseignant qui décide de rester silencieux dans sa classe.

Les fonctions du panneau sons/couleurs

Premièrement, ce panneau est, par construction, synthétique, ce qui signifie qu'il montre toujours tous les choix possibles. Quand un élève est confronté à un choix, il sait exactement quelles possibilités lui sont offertes. Il est dans une situation où il doit toujours se demander, parmi tous les sons qu'il voit représentés devant lui, lequel il peut ou doit choisir ; et, point crucial, il doit prendre une décision : celui-ci ou celui-là ? Cette situation aiguise rapidement la conscience phonologique chez les élèves. Il arrive souvent qu'un élève ait bien conscience qu'un son particulier existe et, en même temps, qu'il ne sache pas comment le prononcer. L'existence du son lui est évidente, car il voit une couleur qui lui est attribuée, et constate que d'autres élèves autour de lui l'entendent et le prononcent. Il peut ignorer la manière de dire le son, mais pas son existence.

Deuxièmement, ce panneau permet à l'enseignant d'accélérer le temps de production d'une chaîne de sons, ou de le ralentir et même de l'arrêter à l'endroit précis où il désire attirer l'attention des élèves. L'enseignant peut démontrer avec une grande précision les subtiles différences de prononciation créées par la vitesse du locuteur. Qui plus est, il peut le faire de façon que la bouche de l'élève produise la chaîne de sons et non la sienne. L'élève n'est donc pas obligé de dépendre de la plus ou moins grande fidélité de son oreille pour entendre les sons. Puisque c'est lui qui produit les sons qu'il désire comparer, il peut apprendre à les entendre correctement. C'est tout bébé, lors du babillage, qu'il a éduqué son oreille, et il utilisera le même processus dans la nouvelle langue.

Ainsi, l'enseignant sait quand l'un de ses élèves n'arrive pas à pro-duire un phonème ou une chaîne de phonèmes dans la langue cible et peut diriger l'attention de l'élève à l'endroit précis du problème. Guidé par son enseignant, l'élève peut ensuite passer le temps nécessaire à l'étudier dans sa propre bouche et ce travail mène à une maîtrise des chaînes de sons que l'on trouve dans la nouvelle langue.

Troisièmement, le panneau sons/couleurs permet à l'enseignant de dissocier complètement la prononciation d'une langue de son système d'écriture. Cela peut constituer un avantage considérable dans certains cas où la première est très différente de la seconde, comme en français ou en anglais, ou quand l'alphabet, s'il en existe un, diffère de celui que connaissent les élèves — le cas pour les Occidentaux apprenant le russe ou le japonais, par exemple — ou encore en l'absence d'al-phabet, comme en chinois.

Le panneau sons/couleurs est donc l'outil dont on se sert le plus sou-vent pour un travail sur la prononciation.

Le Fidel

Le mot « Fidel » vient de la langue amharique de l'Éthiopie. C'est le nom donné en amharique depuis des siècles au panneau à double entrée qui sert à présenter l'alphabet de cette langue. L'amharique est la première langue codée en couleurs par Gattegno dans les années 1950. Il a ensuite utilisé le mot pour tout panneau de ce genre.

Constitution

Le Fidel est une version étendue du panneau sons/couleurs. C'est un panneau ou une série de panneaux — le nombre exact dépend de la langue — qui regroupe(nt) toutes les orthographes possibles pour chaque couleur et pour chaque phonème. Ainsi, comme le panneau sons/couleurs, le Fidel est de nature synthétique. Tous les choix sont toujours visibles.

Le Fidel permet aux élèves d'entreprendre une investigation détaillée de la relation exacte entre l'orthographe des mots ou des suites de mots et leur prononciation. Par exemple, le son /i:/ étant rouge, on retrouve dans la colonne correspondante, en rouge, les treize façons d'écrire ce son en anglais : « e », « ee », « ea », « y », « ie », « ei », « i », « eo », « ey », « ay », « oe », « ae » et « is ». La colonne du son /e/ en bleu clair propose « e », « ea », « a », « u », « ai », « ay », « ie », « eo », « ei » et « ae » comme orthographes possibles pour ce phonème. Se servant du pointeur, l'enseignant, ou un élève, peut construire n'importe quel mot de la langue sur ce panneau, mettant en évidence, dans un même mouvement, l'orthographe et la prononciation.

Utilisation

L'étude de la relation son/orthographe occupe une place très importante dans des langues comme l'anglais ou le français, où cette relation est particulièrement complexe. Une fois que les élèves ont trouvé la chaîne de sons d'un mot sur le panneau sons/couleurs, ils savent dans quelle partie du Fidel chercher et se trouvent de ce fait devant un nombre limité de possibilités pour l'orthographe. Bien qu'il y ait beaucoup de choix possibles, il n'y a que les choix présents dans cette partie et aucune autre. Ils doivent trouver un graphème convenable dans la partie qu'ils savent être juste, grâce au travail déjà effectué sur le panneau sons/couleurs.

Les panneaux de mots

L'enseignant a également à sa disposition un jeu de panneaux de mots ; pour l'anglais, ils sont douze. Sur ces panneaux, de dimensions comparables au panneau sons/couleurs, on trouve, écrit dans le même code couleurs, le vocabulaire fonctionnel de la langue étudiée. Puisque les mots sont écrits en couleurs, il suffit de pointer un mot pour que les (autres) élèves puissent le lire, le dire et l'écrire.

Par «vocabulaire fonctionnel», nous entendons les mots qui structurent la langue — les pronoms, les prépositions, les conjonctions, certains adverbes et adjectifs — et, surtout, la façon de transformer les différentes parties du discours entre elles (noms en verbes, adverbes en adjectifs, etc.). Comment fabrique-t-on les verbes à partir des noms, des adverbes à partir des adjectifs, etc.? On trouve sur les panneaux également des mots choisis pour leur grande utilité — pour exprimer l'heure, les jours de la semaine, les mois, les saisons, etc.

Un premier regard sur les panneaux de mots laisse l'impression générale que les mots ont été placés dans un ordre complètement arbitraire. Ce n'est pas tout à fait exact, puisqu'ils sont en fait organisés jusqu'à un certain point. Le premier panneau contient toujours la plupart des pronoms, quelle que soit la langue étudiée (si elle utilise des pronoms), ainsi que quelques mots fondamentaux associés avec les temps verbaux.

Ainsi, le premier panneau d'anglais contient les mots: « *a* » et « *rod* », le mot anglais pour « réglette », et les mots pour les couleurs des réglettes — « *blue* », « *red* », « *yellow* », etc. —, ainsi que quelques pronoms: « *it* », « *his* », « *her* », « *them* », « *he* », « *me* », « *him* », et « *one* ». S'y trouvent également quelques autres mots ou parties de mots très courants: « *and* », « *not* », « *an* », « *as* », « *too* », « *to* », « *two* », « *the* » (écrit deux fois pour montrer les deux prononciations), la terminaison du pluriel « -s », (écrite en deux couleurs différentes pour montrer les deux prononciations), « *'s* » (deux prononciations), « *are* », « *other* », « *back* », « *end* », « *here* », « *there* », « *this* », « *that* », et « *these* » ainsi que les verbes « *take* », « *give* », « *do* », et « *put* ».

Illustration

En se servant des mots sur le premier panneau, il est possible de construire des phrases telles que :
- *Take a red rod, a black one, two green ones and a blue one. Give the red one to him, the blue one to her and the green ones to them.*
- *This rod's blue and that one's green.*
- *These two rods are Jack's. Give them back to him.*
- *There are two rods here; one's his and the other's hers.*
- *These rods are pink and red. The others are not pink. That one is orange, and that one is green.*

Le deuxième panneau complète les pronoms et élargit la liste des mots nécessaires pour la construction des temps verbaux. Des phrases plus complexes sont possibles :

Illustration

1. *How many rods do you have?*
- *I have four. How many have you got?*
- *I've got two.*
2. *What did you do with your rods?*
- *I put them there.*
- *I gave them to her.*
- *I put them back.*
3. *What colour are yours?*
- *Mine are pink. And yours?*
- *They are pink too.*

Si on ajoute le troisième panneau en anglais, la grande majorité des mots nécessaires pour former tous les temps de verbes est visible.

Le quatrième panneau regroupe le lexique nécessaire à l'expression des relations spatiales : «*behind*», «*beside*», «*between*», etc. ; et le dixième panneau, les relations temporelles : «*today*», «*year*», «*o'clock*», «*ago*», etc.

Les panneaux de mots donnent aux enseignants les moyens de proposer des entrées rapides dans les problèmes que les élèves rencontrent lors de leur prise de contact avec la langue étrangère.

Le pointeur

Le pointeur peut être un mince cylindre de métal, télescopique, mesurant une soixantaine de centimètres de long, ou une canne en bois ou en bambou d'une longueur équivalente, selon les moyens financiers de la classe.

Utilité

Cet outil est un des instruments les plus importants dans l'éventail de l'enseignant, auquel il donne la liberté de fonder son enseignement de façon consciente et délibérée sur les capacités de ses élèves, sur leurs pouvoirs mentaux. Le pointeur permet de relier les couleurs aux graphèmes ou aux mots tout en maintenant une des caractéristiques essentielles de la langue parlée, son côté éphémère. C'est par son activité mentale que chaque élève maintient co-présents en lui-même les différents éléments et peut les restituer sous la forme d'une unité phonétique ou linguistique ayant un sens.

Il est évident que l'enseignant se sert du pointeur pour montrer des mots, des graphies ou des sons, mais le rôle de cet outil est bien plus important que cela. En dernière analyse, toute langue est une distribution énergétique de sons dans le temps. Les panneaux de mots présentent les mots sous une forme statique. Le pointeur permet à l'enseignant de montrer aux élèves comment réintroduire la dynamique particulière de la langue étudiée dans ce qu'ils disent. Cet élément temporel peut différer pour une même chaîne de sons.

La dynamique inclut le rythme, l'accent tonique s'il en existe un dans la langue étudiée, l'intonation et la mélodie, ainsi que les tons dans une langue tonale. L'enseignant utilise le pointeur pour attirer l'attention des élèves sur la distribution énergétique spécifique de la langue, les groupes de souffle, l'intonation usuelle pour une phrase particulière. Les élèves doivent produire non pas simplement une phrase type, mais une phrase dans un contexte humain, dans le contexte de l'échange spécifique dans lequel ils sont engagés ici et maintenant.

Le pointeur permet à l'enseignant de choisir le niveau précis de son intervention — son, mot, groupe de mots, proposition, phrase, intonation ou mélodie. Le pointeur est donc un précieux instrument pour la combinatoire sélective de tous ces éléments et c'est pourquoi la présentation arbitraire des mots alliée à la création de la dynamique appropriée au fur et à mesure que la leçon progresse constitue une solution élégante.

Le rôle mobilisateur du pointeur

D'un point de vue psychologique, le pointage permet à l'enseignant de recréer la qualité fugace de la langue parlée, et ainsi d'obliger ses élèves à rester présents et à noter activement ce qui se passe. En effet, dès que le pointeur quitte un mot, celui-ci se fond de nouveau dans la masse si un travail mental n'est pas fait. Les élèves ne peuvent jamais retourner quelques pages en arrière pour retrouver une phrase oubliée ou pour se rafraîchir la mémoire. S'ils ne trouvent pas la phrase eux-mêmes, l'enseignant peut donner une petite «chiquenaude» *via* un geste ou l'introduction d'une petite information qui transforme la donne et permet aux élèves de relancer leur recherche, pour qu'ils retrouvent la phrase ; ou encore, l'enseignant peut refaire un travail si c'est nécessaire. Heureusement, il sait immédiatement qu'il est face à un problème à résoudre.

L'enseignant est donc équipé pour mobiliser convenablement ses élèves. Tout au long de la classe, ceux-ci sont invités à travailler avec leurs pouvoirs mentaux et, en particulier, avec leur capacité d'évocation, de manière à favoriser la rétention. Ils doivent construire des liens intérieurs entre tous ces mots en se servant de leurs capacités puisqu'une fois le pointage fini, ils doivent pouvoir retrouver la phrase par leurs propres moyens. C'est ainsi que peuvent se construire des cheminements de l'esprit grâce auxquels les élèves arriveront, s'ils le désirent, à parler la langue à la fois correctement et automatiquement. Plusieurs techniques de pointage seront détaillées au chapitre 4.

Le silence

Il convient d'ajouter à cet éventail d'outils matériels l'instrument qui surprend le plus la plupart des observateurs : le silence de l'enseignant. Cette approche s'appelle Silent Way, parce que l'enseignant reste silencieux.

Quel apport ?

Premièrement, le silence de l'enseignant est un rappel constant du fait que son rôle ne consiste pas à transmettre ses connaissances. En effet, comment imaginer que le fait de posséder des connaissances contribue à créer un savoir-faire ? Beaucoup d'enseignants de langues semblent croire qu'une explication de grammaire influencera favorablement la capacité de leurs élèves à parler la langue. Certains agissent comme si l'enseignement de la grammaire seul suffisait à créer chez leurs élèves un savoir-faire, un « savoir-parler-la-langue ». De fait, quel que soit le domaine, rien ne laisse supposer qu'il existe un lien de cause à effet entre les connaissances et les savoir-faire, et encore moins, que la possession de connaissances crée un savoir-faire.

Deuxièmement, le silence de l'enseignant l'oblige à réfléchir constamment sur sa propre clarté, et cela change complètement la préparation de la classe. Il lui faut chercher des manières non ambiguës de présenter chaque situation d'apprentissage et, pendant la leçon, penser constamment à la compréhension des élèves, aussi bien pour les situations que lui-même introduit que pour le langage qu'il y associe. Le silence constitue un extraordinaire garde-fou, dans la mesure où la classe tout entière peut se retrouver plongée dans le silence si ce que l'enseignant propose à un moment donné… n'est pas clair, les élèves ne pouvant pas le suivre. Ainsi l'enseignant est-il averti dès qu'il existe une incompréhension générale, ou même partielle, dans sa classe, car les élèves ne peuvent pas continuer à travailler. Il sait immédiatement que ses élèves sont perdus.

Troisièmement, par son silence, l'enseignant maintient ses élèves «au bord de leur inconnu». En effet, les élèves arrivent en classe avec toute une vie derrière eux, et certaines connaissances qui sont considérables même s'ils sont très jeunes. Un apprentissage n'a lieu qui si ces élèves se trouvent «au bord» de ce qu'ils connaissent, face à l'inconnu qu'ils vont rencontrer dans les instants à venir. Tant qu'ils restent à l'intérieur de leurs connaissances, ils n'apprennent rien, bien qu'ils puissent faire un travail utile. L'apprentissage se produit toujours là où se rencontrent les connaissances que les élèves apportent avec eux et l'inconnu qu'ils doivent entamer ici et maintenant.

Après les premières heures de cours, quand les élèves ont compris qu'ils disposaient d'une certaine liberté dans cette classe, ils introduisent le plus souvent de nouvelles situations, des nouveautés linguistiques du fait de leurs tentatives pour résoudre leurs questions. Les nouveautés correspondent toujours à ce qu'un élève s'imagine pouvoir produire comme phrase ici et maintenant. Ce que les élèves inventent leur est suggéré par ce qui se passe ou pourrait se passer dans la classe. S'ils arrivent à communiquer l'idée qu'ils veulent exprimer, l'enseignant peut alors reprendre ce qui a été produit dans la langue cible et aider les élèves à le modeler pour parvenir à une phrase correcte. Il les aide à maintenir à tout moment une grande qualité dans leur utilisation de la langue. Le but final est que les élèves acquièrent les critères dont ils ont besoin, les critères nécessaires quand ils parlent de situations qu'ils ont eux-mêmes choisies. L'enseignant accompagne ses élèves dans toutes leurs explorations en travaillant sur leurs erreurs au fur et à mesure qu'elles surgissent. Ainsi, c'est bien le silence qu'il observe qui permet à l'enseignant de garder ses élèves en contact direct avec leur inconnu, ce qui est, et de loin, la manière la plus efficace dont l'apprentissage puisse se passer.

Comme le jazz, une leçon avec Silent Way est une improvisation jouée ensemble par les élèves et l'enseignant. Le silence de celui-ci devient une mesure de son succès à subordonner son enseignement aux apprentissages de ses élèves. Quand il est complètement à l'aise avec le silence, il peut se considérer comme un enseignant Silent Way. Il peut alors commencer à parler. Ce qu'il dira sera complètement différent de ce qu'il disait auparavant. Les quelques paroles qu'il est susceptible de prononcer sont révélatrices de l'esprit et de l'intention d'un cours Silent Way. L'enseignant parle pour fournir un feed-back aux élèves avec des indications telles que « *mets plus d'énergie* », « *dis-le encore une fois* », « *es-tu sûr ?* », « *il y a un problème* », « *il y a deux problèmes* », etc. Ce que l'enseignant dit fait l'objet du chapitre suivant.

Ainsi, le cours sera un mélange de ce que l'enseignant introduit — parce que c'est le moment — et de ce que les élèves trouvent dans leurs explorations.

© Eyrolles

La « postparation »

Une fois que l'enseignant maîtrise le panneau sons/couleurs, et sait où se trouvent les mots sur les panneaux de mots, il ne sera pas nécessaire, ni même possible, de préparer ses leçons. Puisque ce sont les élèves qui introduiront la plupart du contenu, l'enseignant ne peut pas prédire ce qui se produira dans une classe quelconque. Cependant, il devra passer beaucoup de temps après la classe à réfléchir sur ce qui s'est passé. C'est la « postparation », le contraire de la préparation.

Au fur et à mesure que les enseignants gagnent en expérience et accumulent des « savoir enseigner », ils passeront plus de temps sur la « postparation » et moins sur la préparation. Une fois qu'ils auront trouvé des manières de présenter tous les mots sur les panneaux dans des situations convenables, et auront gagné assez de confiance en eux-mêmes pour se sentir sûrs de pouvoir toujours trouver une solution à tout ce qui pourrait arriver en classe, ils prendront le temps de réfléchir à la classe et à des façons de mieux travailler. Ils penseront à des élèves particuliers, à de meilleures façons de traiter les questions qui se sont posées dans la classe pendant la journée. Ils réfléchiront à leur rôle, à son adéquation par rapport à la tâche et, éventuellement, comment le changer.

Par conséquent, plutôt que de préparer ses leçons, l'enseignant chevronné arrive à un point où, avant chaque classe, il se prépare à enseigner en se libérant de son « vouloir » et en se rendant disponible pour ce que ses élèves pourraient proposer. La « postparation » est l'assurance qu'il s'améliore de jour en jour.

DEUXIÈME PARTIE

Techniques d'enseignement

À partir du chapitre 3, ce livre est écrit à la première personne. Nous voulons mettre en exergue le fait que ce qui suit représente UNE manière de travailler ; d'autres sont possibles — autant qu'il y a d'enseignants et de classes. Ces propositions de travail auraient pu donc être très différentes. De fait, il est rare que deux cours se ressemblent. Comme nous l'avons vu, chaque cours est toujours influencé par les élèves, leurs besoins et aussi leurs envies. C'est le propre de cette approche.

CHAPITRE 3

L'enseignant est silencieux, mais pas muet...

Deux idées essentielles

Plusieurs idées proposées par Caleb Gattegno guident le choix des phrases dites. En voici deux.

Intervenir sans interférer

Le rôle de l'enseignant n'est pas d'interférer dans l'apprentissage de ses élèves, mais d'intervenir là où il voit la possibilité de provoquer des prises de conscience chez eux. La limite entre les deux est importante à chercher, difficile à trouver. Arriver à une meilleure compréhension des deux constitue l'une des façons de devenir un meilleur enseignant. Mais il n'est jamais facile de savoir si l'on intervient à bon escient. L'enseignant se servant de cette approche garde cette idée à l'esprit et se pose la question souvent.

« Je ne suis pas professeur de langue, je suis professeur de personnes, et ces personnes sont en train d'apprendre une langue. »

Le rôle de l'enseignant est de faire en sorte que les personnes devant lui ne perdent pas leur temps dans leur apprentissage. Il peut le faire de plusieurs façons :

– en proposant une présentation logique et structurée pour que les différents éléments de la langue — les sons, l'intonation, le rythme, les structures et le vocabulaire — arrivent dans un ordre contrôlé, susceptible d'accélérer l'apprentissage ;

- en fournissant à chacun un feed-back immédiat et précis de sa production, ce qui a pour résultat d'augmenter la vitesse d'apprentissage ;
- en indiquant les moments où un élève se lance dans une impasse, et en suggérant une stratégie différente ;
- en indiquant si nécessaire la nécessité d'être présent pour apprendre ; sans présence, aucun apprentissage n'est possible ;
- en rendant explicite la discipline mentale que chacun doit trouver en lui pour apprendre la langue. Cela est essentiel pour ceux de ses élèves qui ont perdu la notion même d'un apprentissage bien fait, notion qu'ils avaient tous étant petits quand ils ont appris leur langue maternelle, mais qu'ils ont souvent perdue depuis.

Parole d'enseignante…

Bien que le silence de l'enseignant se servant de Silent Way soit probablement la caractéristique la plus frappante lors d'une première observation, celui-ci n'est pas muet, et ce qu'il dit révèle l'esprit et le but d'un cours utilisant Silent Way. L'enseignant se donne le droit de parler si c'est utile dans une situation donnée, une fois qu'il est sûr de ce qu'il peut se permettre de dire…

Voici un recueil de phrases prononcées par une enseignante chevronnée se servant de cette approche depuis une bonne trentaine d'années. Ces phrases et les commentaires qui les accompagnent révèlent clairement ce à quoi pense cette enseignante quand elle prend la décision d'intervenir oralement dans le déroulement de sa classe. Elles permettent aussi au lecteur d'entrevoir quel genre de préoccupation est susceptible d'occuper l'esprit d'un enseignant utilisant Silent Way pendant son cours. Elles seront dites dans la langue des élèves si l'enseignant parle celle-ci, ou en anglais, si les élèves peuvent faire face, mais on peut obtenir les mêmes effets avec des gestes quand l'enseignant ne parle pas la ou les langue(s) de ses élèves. S'il est plus utile de le dire, alors il le dit.

Ces phrases sont utilisées dans le but de permettre à chaque élève de découvrir par lui-même comment la langue fonctionne, ou comment il peut améliorer sa façon de travailler.

« Ou », « Une autre possibilité »

J'utilise ces deux expressions très souvent dans ma classe. Une des choses qui caractérisent un « native speaker » est qu'il a toujours à sa disposition un nombre de constructions alternatives qui lui permettent de dire exactement ce qu'il veut dire. Mes classes se fondent sur ce principe également. Les élèves doivent eux aussi développer des constructions alternatives.

C'est à partir de ces expressions que les élèves apprennent avec une grande précision exactement ce que signifie telle ou telle phrase. Quand un élève construit une phrase au sujet d'une situation et se trouve encouragé à en construire une seconde, le fait que les deux énoncés soient juxtaposés lui donne l'occasion de comprendre, alors qu'ils sont presque synonymes, qu'il peut exister tout de même une petite différence et en quoi celle-ci consiste.

Donc, la génération de constructions alternatives devient un outil de tout premier ordre. Quelquefois, cinq ou six énoncés peuvent être créés par les élèves, avec ou sans mon aide, chacun d'entre eux éclairant la signification précise des autres, que j'illustre avec les réglettes si je peux. C'est de cette façon que les élèves construisent en peu de temps un ressenti très précis pour les nuances de la langue.

Les élèves eux-mêmes reconnaissent rapidement la valeur de cette technique et, de leur propre gré, commencent à proposer des alternatives. Très vite, ils se mettent à tester des hypothèses sur des phrases et demandent souvent si telle ou telle phrase est possible. C'est l'une des raisons pour lesquelles une classe Silent Way se distingue par un taux de participation active très élevé de la part des élèves.

« Redis-le »

J'utilise cette phrase pour plusieurs raisons et, selon mon intention, je la prononce avec des intonations diverses.

Premièrement, je l'emploie quand je ne suis pas certaine de ce que l'élève a dit exactement. Celui-ci a pu parler à voix basse, ou d'autres élèves parlaient en même temps. A-t-il réellement mis le /s/ du pluriel à la fin d'un des mots ? A-t-il mis l'article « a » dans la phrase ou l'a-t-il oublié ? Dans ce cas, avant de corriger, j'ai besoin de savoir exactement ce qui a été dit, sinon je ne saurai pas ce qu'il faut corriger.

Deuxièmement, j'ai parfois une bonne raison de penser qu'un élève sera incapable de répéter ce qu'il vient de dire — que ce soit correct ou non. Cette intuition peut m'habiter parce qu'il hésite, parce qu'il semble peu sûr de lui, ou peut-être parce qu'il a déjà eu des difficultés avec une phrase semblable, etc. En somme, j'estime que l'élève ne contrôle pas totalement et consciemment ce qu'il produit. Même si ce qui a été dit était correct, c'est dans mon intérêt de m'assurer qu'il se contrôle assez pour pouvoir le répéter.

En effet, certains élèves ont quelquefois du mal à dire la même chose deux fois de suite. Certains peuvent même répéter une même phrase cinq ou six fois en croyant dire la même chose alors que la phrase change à chaque fois. Si l'élève n'est pas conscient de ce qu'il a dit, à quoi sert une correction ? Comment un élève peut-il faire des progrès dans la langue s'il n'est pas conscient des sons et des mots qui sortent de sa bouche ? Je dois faire en sorte qu'il devienne plus conscient de lui-même et de ce qu'il fait avec lui-même. À travers ce contrôle, l'élève construira un système de feed-back en anglais qui l'informera de ses erreurs quand il saura cette langue, tout comme le fait son système de feed-back dans sa langue maternelle.

Troisièmement, je peux utiliser cette expression pour attirer l'attention sur la présence d'un lapsus. Il arrive souvent, par exemple, qu'un élève, en se lançant dans un travail sur l'intonation et la prononciation d'une phrase après avoir travaillé l'ordre des mots, soit moins attentif à la structure et oublie un mot. Cette expression est un moyen d'attirer l'attention de l'élève sur le fait qu'il n'est pas concentré sur le sens de ce qu'il dit. Cela suffit souvent pour que l'élève se corrige de lui-même.

Quatrièmement, l'emploi de cette expression permet aux autres élèves d'entendre clairement ce qui est dit. Les élèves le disent souvent entre eux, le plus souvent parce qu'ils ne sont pas sûrs de ce qui a été dit.

« Montre ta phrase sur le panneau de mots »

Quelquefois, je ne sais pas exactement, en raison de sa mauvaise prononciation, si l'élève en question utilise les mots erronés ou les mots justes. Par exemple, il peut dire : « *They are* » alors que je m'attendais à « *There are* ». Il ne comprend peut-être pas la différence de sens ou prononce « *They* » au lieu de « *There* », parce qu'il a du mal avec la diphtongue. S'il pointe les mots corrects, il devient clair qu'il a un problème de prononciation ; inversement, s'il pointe des mots incorrects, c'est qu'il a un problème de construction. Ce n'est que lorsque je sais précisément en quoi consiste le problème de l'élève que je peux l'aider efficacement.

Deuxièmement, quand un élève rencontre un problème de construction qu'il n'arrive pas à résoudre oralement, le fait de toucher les mots sur le panneau peut susciter une concentration et une précision qui l'aident à traiter la difficulté. Il est souvent capable de reconnaître comme correcte ou incorrecte une séquence de mots lorsqu'il la voit. Il peut être difficile pour un élève de maintenir dans sa tête la totalité d'une phrase longue et complexe pendant tout le temps nécessaire à la compréhension de la structure. Le caractère permanent des mots sur le panneau peut lui simplifier la tâche en rendant la phrase visible. Le fait qu'il n'ait qu'à toucher les mots dans l'ordre et non à les produire implique également qu'il peut se concentrer sur la structure sans être distrait par des problèmes de prononciation. Ceux-ci seront abordés plus tard, une fois que la structure sera stable.

« Montre de nouveau ! », « Pointe encore ! », « Recommence ! »

Le pointage sur le panneau de mots est également un moyen d'impliquer les autres élèves de la classe dans le travail d'un seul individu.

J'utilise ces expressions lorsqu'un élève pointe des sons, des lettres, des mots ou des phrases sur le panneau sons/couleurs, sur le Fidel ou sur les panneaux de mots, mais trop lentement. Je lui demande d'accélérer son pointage de telle sorte que les mots se suivent à une vitesse plus proche du langage parlé.

Parfois, il faut pointer de nouveau simplement parce qu'un autre élève a manqué la séquence. C'est assez rare, car le plus souvent, si un élève détourne le regard pendant le pointage, c'est parce qu'il sait qu'il n'a pas besoin de regarder. En ce cas, un autre pointage n'aurait pas de sens.

Si un élève est inattentif, je peux lui demander de pointer de nouveau la même séquence afin de le rendre conscient du fait qu'il a relâché sa concentration trop tôt. Le but n'est pas de le punir ou de l'humilier, mais de diriger son attention sur le fait qu'apprendre une langue requiert sa présence. Personne n'a jamais appris quoi que ce soit en pensant à ses dernières vacances ou à son prochain repas. La plupart des élèves acceptent ce fait et se lèvent spontanément pour venir pointer la séquence quand ils sentent qu'ils ont besoin de vérifier quelque chose qu'ils n'ont pas saisi. D'autres ont des difficultés à se concentrer, à être présents. L'acte physique de pointer des mots les aide souvent à canaliser leur attention au bon endroit pour résoudre le problème sur lequel ils travaillent à ce moment-là.

« Recommence ! » est également employé quand un élève a accompli une action d'une manière telle que la relation entre ce qui est dit et ce qui est fait n'est pas claire. Par exemple, si un élève dit « *I'm going to take a rod* » alors que sa main est déjà sur la réglette, la distinction entre « *I'm going to take a rod* » et « *I'm taking a rod* » n'est pas respectée. Si l'action décrite n'est pas claire, les autres élèves ne peuvent pas compter sur leur perception de la situation pour comprendre la langue utilisée.

« *Plus d'énergie* », « *Moins d'énergie* », « *Plus serré* »

L'un des aspects du travail consiste à amener les élèves à distribuer leur énergie de la même manière que ce qu'on trouve dans la nouvelle langue. En particulier, pour l'anglais, beaucoup d'élèves francophones éprouvent des difficultés à diminuer le contenu énergétique de certaines syllabes pour pouvoir dire le « schwa »[1]. Ce son, avec le « schwi » et le « schwu », constitue plus de 50 % des syllabes de la langue anglaise, et la langue ne « sonne » pas anglais si le contenu énergétique de ces syllabes est mal ajusté. Ce son demande un travail continu pendant les premiers jours d'un cours, mais son apprentissage est grandement facilité si les élèves perçoivent le problème comme étant celui de l'énergie utilisée plutôt qu'un problème de prononciation de ce son. Si les élèves perçoivent leurs difficultés avec ces sons comme un problème de pro-

---

1. Le « schwa » est le « e » neutralisé, coloré en jaune sur les panneaux ; le « schwi » est le nom que nous donnons au son quand il se trouve dans le même contexte que le « schwa », comme dans la syllabe inaccentuée du mot « *between* ». Le « schwi » est de couleur rose pâle. Le « schwu » se trouve dans des contextes tels que « *a quarter to eight* ». Il est vert clair.

nonciation des sons eux-mêmes, ils les accentuent tout naturellement pour mieux les entendre, et ainsi éliminent la neutralisation, produisant ainsi l'effet exactement inverse de celui recherché. Si, au contraire, ils comprennent le problème comme étant une distribution d'énergie différente ou un changement de rythme, avec la nécessité de renforcer les syllabes fortes et de neutraliser davantage les syllabes faibles, les résultats sont toujours bien meilleurs.

« Plus court », « C'est trop long », « Plus économique », « C'est possible, mais ce n'est pas nécessaire »

Ces phrases servent à obtenir des réponses plus courtes. Par exemple, un élève pourrait répondre à la question *« Combien de réglettes as-tu ? »* en disant : *« J'en ai six. »* Dans la vie de tous les jours, on dirait plus volontiers *« six »*. L'enseignant peut aider l'élève à voir qu'il y a trois réponses à cette question : *« J'ai six réglettes »*, *« J'en ai six »* et *« Six »*. Chaque réponse est acceptable. Il est rare que je demande à l'élève la version pleine de la phrase. Si je le fais, c'est pour contraster les trois et je le fais en utilisant *« ou »* (voir plus haut). Quand l'élève redit sa phrase, je peux apprendre beaucoup sur le degré de certitude qu'il démontre vis-à-vis de ce problème.

« Dis-le en anglais »

Une fois qu'un élève a réussi à dire les mots dans l'ordre pour la phrase qu'il apprend, je peux lui dire : *« Dis-le en anglais. »* Dans des groupes ayant déjà étudié l'anglais pendant plusieurs années, cela produit l'effet d'une bombe la première fois que je m'en sers, car l'élève croit qu'il vient justement de le dire en anglais. Il prend conscience ainsi du fait que, pour moi, l'ordre des mots ne garantit pas que la phrase soit vraiment en anglais. Elle l'est quand l'impression générale est celle d'une phrase anglaise — quand la mélodie, le rythme et l'intonation sont anglais, aussi bien que les mots.

« Mets-les ensemble »

Si un élève a quelques difficultés à « le dire en anglais », je peux lui faire regrouper des mots en chaînes plus courtes. Une fois qu'il pourra prononcer quelques courtes chaînes de mots, il pourra peut-être en lier une ou deux, puis trois, et ainsi progresser au stade où il pourra le dire en anglais. Quelquefois, il est clair que, pour une phrase quelconque, l'élève n'y arrivera pas ; je m'assure alors qu'il peut maintenir ensemble chaque chaîne courte.

« Tout doucement ! », « Plus lentement ! », « Plus lisse ! »

Si cette phrase ressemble à la précédente, elle sert aussi à réparer un autre défaut. Je m'en sers quand je veux que l'élève cherche à éliminer la qualité saccadée de sa production. C'est une aide utile pour des Français, des Italiens ou des Hispaniques apprenant l'anglais, car ces langues n'utilisent pas la neutralisation, ou s'en servent de façon très différente. Ceux qui parlent ces langues, et beaucoup d'autres, ont tendance à mettre trop d'énergie dans les voyelles et n'arrivent pas à trouver le rythme de l'anglais.

« Change-la », « Essaye autre chose »

Quelquefois, un élève propose un son, un mot ou une phrase et, en quelque sorte, s'y trouve enfermé. Quand je lui demande de redire le son ou la phrase, l'élève s'aperçoit (ou ne s'aperçoit pas, d'ailleurs !) qu'il n'est pas en mesure d'émettre autre chose que ce qu'il vient de dire. Cela peut arriver parce qu'avec cette phrase il s'est aventuré trop loin de ce qu'il connaît et la phrase est devenue trop difficile pour lui. Il se peut qu'il fatigue. Si je décide de le faire travailler un peu plus longtemps, parce que je sais qu'il est tout proche de ce qu'il veut dire, je l'encouragerai à continuer, mais il faut qu'il change quelque chose, n'importe quoi.

Il arrive également parce qu'un élève se trouve trop proche de sa phrase et ne puisse pas créer de distance et élargir sa vision. Construire une phrase requiert de l'élève qu'il puisse travailler de façon analytique sur une partie de la phrase, puis, une fois l'analyse effectuée, prendre de la hauteur pour voir l'effet de son travail sur la phrase tout entière. Il doit apprendre à « zoomer » dans les deux sens, en agrandissant ou en diminuant à volonté. Mais ce mouvement doit être mis en route : il doit pouvoir modifier ce qu'il veut dire.

« Redis-le, ne change rien »

Je dis cela à un élève qui a besoin de pratiquer sa nouvelle phrase quelques fois encore, surtout s'il a éprouvé des difficultés à la construire. Il arrive souvent qu'un élève hésite quant à la correction de sa phrase. Il faudrait qu'il la dise de nouveau pour qu'elle soit bien ancrée, mais je voudrais que ce soit la même qui soit dite.

Il peut falloir un certain temps pour que les élèves se rendent compte que, quand je leur demande de répéter ce qu'ils viennent de dire, ce n'est pas forcément parce que c'est faux. « Ne le change pas » constitue un des premiers outils pour aider les élèves à prendre conscience que je ne suis pas là pour les « coincer » et qu'il peut y avoir d'autres raisons pour répéter une phrase que le fait qu'elle soit fausse.

« Problème », « Un problème », « Trois (quatre, etc.) problèmes »

« Problème » me sert à indiquer à un élève en question qu'il faut changer quelque chose dans la phrase qu'il vient de produire. Plutôt que de lui dire à quel niveau se situe le problème ou, à plus forte raison, ce qu'il doit dire, je l'informe simplement de l'existence d'un problème. Ce que fait l'élève à ce moment-là me renseigne sur son état intérieur.

En fait, il existe tout un spectre de réactions que l'élève peut avoir. S'il lui est possible de corriger sa phrase immédiatement, alors son erreur était un simple lapsus ou une fossilisation d'erreur dont il a conscience et qu'il cherche à dissoudre. Il est en mesure de s'apercevoir de son erreur après l'avoir dite, mais pas encore avant de la dire.

À l'autre bout du spectre, l'élève peut laisser apparaître qu'il n'a aucune idée de ce qui ne va pas dans la phrase ; je le vois parce qu'il change un ou plusieurs éléments qui étaient justes. Dans ce cas, je dois travailler de manière très différente avec lui. Peut-être qu'il a besoin d'un nouvel exemple pour que la tournure soit claire. Ou peut-être faut-il construire une situation pour illustrer le problème au niveau de la correspondance entre la situation et la signification. Dans tous les cas, ma réponse doit être adaptée à la nature du problème et non simplement à sa présence. C'est la qualité de mon observation de cet élève depuis le tout début du cours tout autant que ce qui est en train de se passer en ce moment qui fera que ma réponse sera adaptée ou non à son problème.

La deuxième expression, « *Un problème* », donne un peu plus d'informations à l'élève. Quand je dis « *Un problème* », l'élève sait que tous les autres éléments de la phrase doivent rester tels quels, à leur place. Il sait combien de changements il doit effectuer. Ici aussi, sa réaction me donne des informations précieuses quant aux certitudes qu'il peut avoir et à la fiabilité de ses critères. Il n'est pas rare qu'un élève soit plus dérouté par « *Un problème* » que par « *Trois problèmes* », la troisième expression de ce groupe.

Dans le cas de « *Trois problèmes* », il sait que, compte tenu de sa longueur, la phrase doit être entièrement reconstruite. « *Trois problèmes* » devient une tâche pour toute la classe. Il suffit que je jette un coup d'œil aux autres membres de la classe pour qu'ils se mettent à travailler la phrase à haute voix. Un des équilibres à trouver dans la classe est justement de savoir quand les autres peuvent ou doivent intervenir pour aider un élève à corriger sa phrase. C'est un apprentissage pour l'enseignant que de savoir que cela vaut la peine de travailler pour trouver une version correcte d'une phrase, parce que ce sont les phrases sur lesquelles les élèves ont réfléchi qu'ils retiennent le mieux.

« C'est vrai ? »

Cela se dit à un élève qui prend la place d'un autre. Supposons qu'un élève dise : « *Ma réglette sont bleue* » et qu'un deuxième élève, ayant une réglette rouge à la main, le corrige en disant : « *Ma réglette est bleue.* » Je réagirais en lui demandant si c'est vrai. Il devra parler pour lui-même, décrire la situation telle qu'elle est. Il y a une raison à cela. Je crée des situations permettant aux élèves d'y attacher des phrases non ambiguës. Mais ces phrases ne sont dénuées d'ambiguïté que si chaque personne respecte les faits perceptibles devant elle.

C'est un fait remarquable, et tout à fait étonnant, de constater combien de Français ayant étudié l'anglais pendant sept années doivent passer par leur langue pour trouver un mot tel que « *blue* » en anglais. Quand on leur demande de dire une séquence telle qu'« *une réglette rouge, une bleue et une jaune* », ils éprouvent une grande difficulté. En effet, c'est souvent la première fois qu'on leur demande de parler de manière précise de ce qu'ils perçoivent, de ce qu'ils voient devant eux. La plupart du temps, le langage qu'ils ont utilisé à l'école était coupé de la réalité du monde concret autour d'eux et de leurs sentiments. Quand ils exprimaient des idées, c'était les idées des personnages du livre, suggérées par leur enseignant. Quand ils utilisaient la première personne, ils faisaient semblant d'être l'un des personnages de la méthode. Tant et si bien que le mot « *I* » ne vient pas spontanément... comme une façon valable de parler de soi-même. Ils l'ont si rarement fait ! Être obligé de dire « verte », parce que la réglette est verte est tout à fait nouveau pour la plupart des élèves. Les enseignants doivent chercher à empêcher qu'une telle « désincarnation » de la langue se développe chez leurs élèves.

Pour forcer la prise de conscience que cette nouvelle langue sert réelle-ment à vivre et à agir dans ce monde, l'enseignant demande aux élèves de parler toujours pour eux-mêmes. Bien sûr, les élèves savent intellectuellement que les gens de l'autre côté de la Manche ou de l'Atlantique utilisent cette langue, mais elle n'a jamais été pour eux une façon d'exprimer leurs pensées et leurs sentiments.

« *Tu es sûr?* »

Cette expression ne sert jamais à dire aux élèves qu'ils ont tort. Il arrive que les élèves prennent un certain temps pour s'habituer à l'idée qu'ils n'ont pas tort, simplement parce que je leur demande s'ils en sont sûrs. En fait, elle sert à faire prendre conscience aux élèves de la solidité de leurs critères de jugement. Je m'en sers souvent pour obliger un élève à regarder de façon détaillée ce qu'il vient de dire, à l'examiner mot par mot pour finir par me dire que, oui en effet, il pense qu'elle est correcte. Je confirme. Elle est utilisée souvent, à juste titre, car les élèves doivent développer des certitudes, et arrêter de se fier à moi pour savoir s'ils ont raison.

« *C'est une question?* »

Cette phrase attire l'attention de l'élève à qui elle s'adresse sur une intonation montante (courante chez les francophones) pour une phrase qui demande une autre intonation.

« *Pas maintenant* », « *Pas ici* »

Il arrive que des élèves cherchent à suivre une piste qui s'est ouverte, mais qui ne fait pas partie des préoccupations des autres membres de la classe, ou qui dépassera trop leur niveau actuel. Je me trouve devant un choix : suivre cette nouvelle piste ou revenir à la précédente, qui n'est pas encore stabilisée. Ces phrases indiquent le résultat de ce choix. Elles sont bien acceptées quand les élèves sont sûrs qu'ils peuvent intervenir quand ils veulent, mais c'est moi qui sais où cette intervention mènera la classe.

« C'est juste, mais ce n'est pas vrai »

Il arrive qu'un élève produise une phrase erronée dans laquelle l'erreur se situe en dehors de la langue. Le fait qu'il annonce est erroné, même si c'est parfaitement dit. « *Paris is the capital of Germany* » serait une phrase de ce genre. J'informe l'élève que le problème ne relève pas de la langue.

« Repose la question », « Recommence la conversation »

Il arrive souvent que les élèves posent une question ou lancent une conversation et que je sois obligée d'intervenir pour corriger la ou les phrase(s). (Notons au passage qu'il est possible d'interrompre une conversation pendant très longtemps — une quinzaine de minutes, voire plus — sans que le fil se perde.) Parfois il est nécessaire de reprendre la conversation depuis le début pour que le sens d'une réponse puisse être compris dans son contexte.

« Relaxe-toi ! »

Je dis cela quand je vois qu'un élève commence à être trop tendu, et que sa tension est nuisible à sa performance. Il m'arrive même, quand je suis sûre que notre relation est saine, de lui secouer tout doucement les épaules d'avant en arrière, pour induire chez lui une détente.

Je dispose d'autres manières de détendre la classe, en particulier par l'utilisation systématique de plaisanteries (silencieuses bien sûr). Une plaisanterie dans ce contexte peut prendre la forme d'un défi énorme à relever — nommer la couleur d'une vingtaine de réglettes quand on vient de commencer l'étude des couleurs semble être un défi énorme —, mais reste entièrement possible, et facile même, à condition de prendre son temps.

Ici encore, nous pouvons noter que les élèves se rendent compte très rapidement que le rire les aide à se délester d'un trop-plein de tension, et ils se mettent souvent à faire des plaisanteries eux-mêmes en se lançant des défis. Ils cherchent à créer des situations un peu trop longues ou complexes pour la personne visée. Mais il n'est pas rare qu'ils se fassent prendre à leur propre jeu, et se perdent dans les complexités qu'ils ont créées, ce qui est excellent non seulement pour le travail en cours, mais aussi pour le rire.

« Arrête un instant… À présent, recommence », « Sais-tu ce que tu cherches à dire ? »

Quelquefois, quand un élève a travaillé une phrase pendant un bon moment — l'ordre des mots ou l'intonation peut-être —, il perd le sens de ce qu'il cherche à dire. L'une ou l'autre de ces expressions suffit le plus souvent à le ramener de nouveau au sens en le remettant dans la situation qui a créé son désir de dire cette phrase. Souvent il est en mesure de dire la phrase bien mieux qu'avant. C'est un exemple de l'utilisation du « zoom mental ». L'élève doit pouvoir zoomer sur les détails et travailler sur la phrase à ce niveau, puis zoomer dans l'autre sens, pour regarder le message comme un tout. Il est nécessaire de pouvoir faire ces deux mouvements à volonté.

L'apprentissage d'une langue oscille entre deux pôles qui sont, premièrement, la nécessité d'un contact constant avec le message qui meut l'élève dans une direction particulière et dans un domaine particulier de la langue, et deuxièmement, la langue elle-même, avec ses propres exigences. Quand il y a un déséquilibre trop grand entre ces deux pôles, il est toujours nécessaire de s'interrompre pour redonner de l'importance au pôle qui est momentanément en dessous du niveau qu'il doit occuper. Puisque certains élèves privilégient systématiquement le message par rapport à la langue, alors que cela met en péril l'apprentissage, il y a souvent besoin de discipline de ma part dans ce domaine.

On ne doit jamais perdre de vue que la classe est réunie pour apprendre une langue. Il est possible de communiquer avec un niveau de langue très approximatif, mais je suis professeur de langue, et j'ai une obligation morale d'enseigner réellement la langue, pas simplement d'aider mes élèves à communiquer.

Quelque chose que l'enseignant ne dit JAMAIS… : « Très bien »

Aucun enseignant utilisant Silent Way ne dit « *très bien* », pour plusieurs bonnes raisons.

Premièrement, que signifie exactement cette phrase ? « *Vous êtes très bien* » ou « *La phrase que vous venez de dire est très bien* » ? Évitons de nous lancer dans des jugements de valeur.

Et deuxièmement, qu'est-ce elle implique ? Que pense l'enseignant quand il ne dit pas « *très bien* » ? Pense-t-il que la phrase précédente n'était pas assez bien ? Celui qui dit « *très bien* » peut également dire, ou du moins penser, « *très mauvais* ». Notre élève doit-il s'attendre à entendre un « *très mauvais* » de temps en temps ? Si c'est le cas, l'ambiance ne serait pas très propice à l'apprentissage.

Plus sérieusement, cette phrase semble mettre l'élève dans une position où il doit se fier à son enseignant pour fournir des critères de jugement par rapport à la phrase, plutôt que de construire les siens. Mais le rôle de l'enseignant est de faire en sorte que les élèves développent leurs propres critères, pas de les induire implicitement à se fier aux siens.

Caleb Gattegno racontait souvent l'histoire d'un scandale auquel il avait assisté des années plus tôt lors d'une visite dans une classe en Californie. Il regardait un instituteur faire une leçon de mathématiques à une classe de CP. Le maître dit « *2 plus 3 ?* » et les élèves répondirent « *5 ?* ». Voilà le scandale ! Ce que Caleb Gattegno a perçu comme scandaleux était le fait que le maître avait déjà mis en place un système où, même pour quelque chose d'aussi simple que 2 + 3, les élèves devaient se fier au maître pour savoir s'ils avaient raison. La réponse à la question aurait dû être un « 5 ! » retentissant, et non un « 5 ? » pétri de doute. N'importe quel enfant en CP doit être sûr et certain que 2 + 3 = 5.

Et pour finir, « *très bien* » n'est pas nécessaire, car les phrases ne seront pas finies avant d'être « très bien » ! Cela va donc sans dire.

CHAPITRE 4

D'autres techniques
pour mener les élèves sereinement
à une autocorrection

Dans ce chapitre, deux séries de techniques qui permettent aux enseignants de corriger les phrases produites seront décrites. La première consiste à pointer sur les divers panneaux; la seconde est la correction sur les doigts. Chacune de ces techniques se décline en plusieurs formes, exposées dans ce chapitre.

Pointer sur les panneaux

De façon générale, il est toujours utile qu'un mouvement soit associé à une phrase difficile; le mouvement consistant à pointer laisse une trace kinesthésique dans le corps et semble aider à mieux fixer la phrase dans l'esprit. C'est pourquoi il est souvent utile de faire pointer un élève.

Le pointage décrit ci-dessous est constitué de plusieurs étapes, mais il n'est pas nécessaire d'utiliser tous les étapes chaque fois qu'un problème surgit. Même sous une forme réduite, ces façons de pointer aident les élèves en difficulté à intérioriser la phrase du moment rapidement et correctement.

Il est évident que pour lancer de nouvelles phrases, c'est moi qui dois pointer. Il n'y a que moi qui connais la nouveauté. Mais une fois qu'une phrase ou une construction est en circulation, il est souvent important de faire pointer un élève.

Imaginons… Une phrase est lancée. J'entends dans le groupe une voix discordante, celle d'un élève qui ne maîtrise pas la phrase. Que faire ?

Dans un premier temps, j'ai besoin de savoir si le problème est sérieux ou si ce n'est qu'un simple lapsus. J'étends une main, paume vers le sol, doigts étendus et je la fais un peu osciller, avec une petite rotation horizontale autour du majeur. C'est le geste que j'ai choisi pour signaler un problème. Si c'est une classe de taille importante, je dois quelquefois demander à tous les élèves de répéter la phrase afin de localiser celui qui ne sait pas la dire correctement. Dès que je sais de qui il s'agit, je lui demande de redire sa phrase pour voir jusqu'à quel point il est sûr de ce qu'il dit. Quelquefois, il suffit d'indiquer par le geste de « balancement » que la phrase doit être changée, et l'élève peut le faire. S'il ne s'agit que d'un lapsus, il la redit une nouvelle fois et l'incident est clos.

Souvent, je dois intervenir, car je m'aperçois que l'élève n'est pas conscient du problème. Je lui demande de pointer tous les mots de la phrase, dans l'ordre, sur les panneaux. Quand il l'a fait, je sais s'il s'agit d'un problème de prononciation ou de construction.

Il peut arriver que cet élève ne soit pas en mesure de pointer sa phrase. Dans ce cas, je peux tendre le pointeur vers le groupe pour inviter quelqu'un d'autre à venir la pointer, ce qui me permet de voir si une autre personne pense être en mesure d'essayer. Je n'ai pas intérêt à demander à un élève très fort de venir, car je cherche toujours à savoir à quel point le problème est répandu. Je demande donc à un élève susceptible d'être lui aussi en difficulté de pointer la phrase. Avec lui, je saurai un peu mieux si elle est trop difficile pour le groupe, ou si le problème concerne un ou deux élèves seulement.

Finalement la phrase est pointée correctement. Si je dois reprendre le pointeur moi-même pour le faire, je sais que je n'ai pas travaillé de façon convenable quelques instants auparavant. J'en prends note. C'est un cas à étudier lors de ma « postparation ».

Le pointage « en aveugle »

Je voudrais terminer le pointage en étant sûre que mon élève connaît la structure de sa phrase. Je peux lui demander de la pointer les yeux fermés, « en aveugle ». Pour cela, il place le pointeur sur le premier mot de la phrase en ayant les yeux ouverts, puis il ferme les yeux et pointe les autres mots de mémoire, dans l'ordre, et aux lieux où se trouvent les mots sur les panneaux. Le pointage de chaque mot doit donner l'impression que l'élève sait où se trouve le mot, même si le pointeur tombe à une dizaine de centimètres de l'endroit exact de ce mot. Je suis en train de tester son imagerie mentale, un moyen de savoir s'il a fabriqué une imagerie adéquate.

La première fois que je demande cela à un élève, il y a de fortes chances pour qu'il soit interloqué, et qu'il ne parvienne pas à le faire. Il a alors le droit d'ouvrir les yeux et de pointer la phrase une nouvelle fois les yeux ouverts, sachant qu'il aura à refaire le pointage les yeux fermés immédiatement après. Normalement, je constate une amélioration sensible. Il peut être nécessaire de refaire le pointage une ou deux fois les yeux ouverts avant de réussir les yeux fermés. À ce moment-là, l'élève est sûr de la phrase. Si d'aventure il ne l'était pas, je sais, si je suis à l'origine de la phrase, qu'elle était vraiment trop difficile, et donc que j'ai visé trop haut pour cet élève ce jour-là. J'en prends note et y réfléchirai lors de ma « postparation ».

Pointer avec son « doigt laser »[1]

Si j'ai l'intuition que l'élève qui pointe n'est pas seul dans son cas, surtout dans une classe d'élèves jeunes, je peux demander aux autres élèves de pointer avec leur « doigt laser » depuis leur place — ils allon-

---

1. Alain L'Hôte, professeur des écoles à Besançon, utilisait cette expression et la technique associée dans sa classe de CP avec des enfants apprenant à lire avec *La lecture en couleurs*.

gent le bras le plus possible, index étendu, et pointent vers les mots au fur et à mesure que l'élève près des panneaux touche les mêmes mots. De cette manière, les élèves savent rapidement où se trouvent les mots recherchés sur les panneaux et dans quel ordre il faut les dire, et ils peuvent retrouver la phrase un certain temps après, car ce mouvement laisse également une trace kinesthésique dans le corps.

Cette façon de travailler crée des images visuelles très fortes, aidant les élèves à fixer la phrase et donc à la retenir plus rapidement. Ils sont souvent surpris de la facilité avec laquelle ils réussissent ces exercices.

L'utilisation de la correction sur les doigts

Dès lors que l'on admet l'intérêt pour l'enseignant de parler le moins possible, il devient nécessaire de trouver une façon rapide, efficace et ludique de corriger les erreurs. La correction avec les doigts répond à ces trois exigences. Il n'est pas nécessaire d'expliquer la technique aux élèves, qui saisissent rapidement le codage des diverses conventions.

L'idée générale

Je lève à hauteur de mes épaules une main, ou les deux, et demande à l'élève en difficulté de répéter sa phrase. Pendant qu'il s'exécute, je déplie un doigt par mot, chacun de mes doigts représentant un mot de la phrase. En ayant le bon nombre de doigts levés, je lui fais « lire » sa phrase sur mes doigts. Ainsi l'élève peut se rendre compte en arrivant à la fin de sa phrase qu'il dit un mot de trop ou de moins que la phrase ne requiert, guidé par le nombre de doigts dépliés. Souvent, découvrant que la phrase est erronée, les élèves sont en mesure de se corriger, et le font spontanément. La facilité avec laquelle un élève se corrige constitue un renseignement précieux sur son degré de certitude dans ce domaine.

Si l'indication du nombre de doigts nécessaires, et donc de mots, n'est pas suffisante pour que l'élève soit en mesure de se corriger, je peux agiter le doigt qui indique quel mot pose problème, lever un doigt supplémentaire ou insérer un doigt de mon autre main là où le mot manquant devrait se trouver.

En écartant des groupes de doigts ou en les resserrant, en en bougeant un, j'indique les groupes de mots. Je plie des doigts pour indiquer qu'un mot doit être enlevé, ou « rallonge » le bout d'un doigt pour indiquer qu'il faut ajouter une terminaison.

Si un élève élabore une très longue phrase, je déplace la première main derrière la deuxième pour en faire une « troisième » ; je peux faire cela plusieurs fois si nécessaire, afin d'avoir des doigts disponibles pour les derniers mots d'une phrase, même très longue. Il est possible de le faire parce que la présence de l'élève se déplace le long de la phrase, et n'est plus sur les premiers mots quand il arrive vers la fin de sa phrase, si bien que les doigts qui sous-tendaient les mots du début de la phrase sont libres.

Il est souvent utile de faire faire cette recherche par l'élève sur ses propres doigts, surtout s'il est en difficulté. D'ailleurs, je vois souvent des élèves qui travaillent seuls sur un problème réfléchir avec leurs doigts.

Voici une description plus détaillée de la correction sur les doigts.

Un doigt par mot : la correction d'une phrase

Imaginons que nous travaillions pour la première fois sur la phrase « *There are seven days in a week* ». Tout le monde dit la phrase et j'entends quelqu'un qui se trompe. Je vais corriger ce qu'il dit, « *There are seven days in week* » en oubliant le mot « *a* ».

Je signale à l'élève que je m'adresse à lui. Je lève les deux mains devant moi, croisées au niveau des poignets, paumes vers moi. Je lève les cinq doigts de la main gauche, et le pouce et l'index de la main droite, car la phrase que je veux illustrer comporte sept mots[1]. J'ai donc sept doigts levés : les trois autres sont pliés et donc invisibles. Je demande à l'élève de dire la phrase en pointant tous les mots dans l'ordre, un mot correspondant à chaque doigt. Il doit commencer avec le petit doigt de ma main gauche, ce qui correspondra, pour lui, dans son sens de lecture, au début de la phrase. Le déroulement de la phrase, mot par mot, est ainsi matérialisé devant toute la classe.

L'élève arrive à la fin de sa phrase, touchant un de mes doigts à chaque mot qu'il dit et... voilà qu'il reste un doigt levé, alors qu'il pense avoir fini la phrase. Je remue ce dernier doigt... Il sait immédiatement qu'il s'est trompé. Mais où ? Il recommence sa phrase, la disant avec soin de façon à trouver l'erreur, la corriger et tomber sur le même nombre de doigts que je montre.

Plusieurs choses peuvent se passer à présent. Il se peut qu'en fait, il sache construire la phrase, et que la deuxième fois, elle soit correcte. Nous savons dès lors, lui et moi, que ce n'était qu'un petit lapsus, une petite bêtise qui ne nous entraîne pas plus loin dans la correction. Je lui demande de la répéter une troisième fois correctement, j'entends dans sa voix sa certitude, et nous savons tous les deux que le problème est réglé.

Autre situation possible : je lui demande de redire la phrase et je vois qu'il n'a aucune idée de la façon dont il doit se corriger. J'ai plusieurs stratégies à ma disposition. Je peux l'inviter à répéter sa phrase et, au

---

1. Je préfère travailler avec les paumes des mains face à moi, car si je veux cacher un mot, quand je plie le doigt qui le porte, le doigt disparaît effectivement. Ce choix est personnel. D'autres enseignants sont plus à l'aise en ayant leurs paumes face aux élèves, mains croisées ou non. C'est une question de confort personnel.

moment où il s'apprête à dire le mot « *week* », j'agite le dernier doigt, ce qui a pour effet de l'avertir qu'il saute l'avant-dernier mot. S'il le trouve sans problème, je lui demande de redire la phrase ; cette fois-ci, si elle est correcte, l'incident est clos.

Cependant, il se peut qu'il n'ait aucune idée du mot qu'il faut trouver. Je peux alors lever les yeux vers la classe et inviter d'autres élèves à indiquer le mot qui manque. Quelqu'un prononce « *a* », le premier élève l'entend et le place à l'endroit requis. Je l'invite à redire la phrase ; elle est dite correctement et j'entends la certitude dans sa voix. La correction est terminée.

Si, au contraire, il n'arrive pas à placer ce mot dans sa phrase, je dois chercher une stratégie appropriée d'enseignement pour qu'il y arrive. S'il n'a pas conscience de la structure, il ne peut pas la corriger. C'est donc un problème d'enseignement, non de correction. Peut-être vais-je m'apercevoir que personne n'est en mesure de placer ce mot et, dans ce cas, je sais que mon enseignement pose problème. J'ai dû faire ce travail trop tôt ou trop vite et personne n'a pu saisir la structure de la phrase. Je sais alors que je dois recommencer à travailler la phrase, d'une manière différente. Je peux aussi décider de mettre la phrase de côté pour le moment, en disant à la classe que je ne sais pas comment les aider à l'heure actuelle, mais que je vais y réfléchir durant la nuit, et que le lendemain, nous recommencerons autrement. Il est important qu'ils sachent que l'erreur vient de moi.

Le contenu exact de chaque doigt

Cette façon de corriger me permet d'arrêter la phrase exactement là où c'est nécessaire, afin de porter une correction précise. Par exemple, un autre problème dans cette même phrase pourrait être la prononciation de « *there are* » (/ðərə/), qui est difficile pour tous les non-anglophones. Le premier battement correspond aux lettres « *the* », le deuxième aux lettres «*re are*». En me servant de mes doigts, je peux montrer l'existence de deux mots, je peux séparer les deux:

Illustration

«*Qu'est-ce que tu dis pour ceci?*» (J'agite le premier doigt.)
– /ðə/
– «*Et pour ce doigt?*» (J'agite le deuxième.)
– /rə/
– «*Oui, c'est ça!*»

J'ai déjà pointé les sons pour ces mots sur le panneau sons/couleurs, puis nous plaçons ces sons sur les doigts et ensuite sur le panneau de mots ou le Fidel.

Les groupes de souffle

Une fois que le nombre de mots correspond à la réalité de la phrase, je peux regrouper mes doigts, de façon à indiquer les groupes de souffle. Pour cette phrase, je colle mes doigts ensemble afin de créer trois groupes de doigts: les deux premiers doigts ensemble pour «*There are*», les deux suivants regroupés pour «*seven days*» et les trois derniers pour «*in a week*». Une fois que tout le monde peut dire chacun des trois groupes convenablement, nous pouvons combiner deux groupes «*There are seven days*» suivi de «*in a week*» et «*There are*» suivi de «*seven days in a week*». Finalement, la classe entière peut dire la phrase complète de façon convenable.

Une phalange par battement

Prenons un autre cas, celui de la prononciation d'un mot difficile. Le plus souvent, un mot est difficile à prononcer quand les élèves ne connaissent ni le nombre de battements qu'il comporte, ni le contenu exact de chaque battement. Les francophones trouvent difficiles de nombreux mots en anglais qui existent en français sous une forme reconnaissable à l'écrit mais méconnaissable à l'oral : des mots tels que « creation », « centimetre » ou « variety ». Des mots comme « January » et « February » sont difficiles également, car les élèves n'arrivent pas à repérer les sons exacts dans chaque battement. Ces mots semblent peu distincts à une oreille non anglophone. Ce sont des mots de ce genre qui donnent aux anglophones la réputation d'« avaler » les mots. Il importe donc de traiter le problème en profondeur.

Imaginons que nous travaillions sur la prononciation du mot « variety ». Je veux décortiquer le mot dans le détail, et j'utilise mes doigts d'une façon particulière pour le faire. Je lève l'index de ma main gauche (je suis droitière), je le plie et je montre cette main de profil si bien que le doigt est visible au-dessus des autres doigts pliés. Ensuite, j'attribue à chaque battement du mot une phalange : /və/ à la phalange qui porte l'ongle du doigt, /rai/ à la phalange suivante, qui est à l'horizontale, /ə/ sur la phalange qui mène à la bosse sur ma main et enfin, je montre /ti/ sur le dos de ma main, sur la partie alignée avec l'index. Ainsi, chaque phalange représente un battement et je suis en mesure de séparer chaque battement du mot pour en préciser la prononciation. J'indique en tapant un peu plus fort sur la deuxième phalange avec l'index de ma main droite que l'accent tonique s'y trouve. Je décortique ainsi le mot, battement par battement. Il suffit de faire prononcer le mot très lentement, un battement après l'autre, en corrigeant les erreurs au fur et à mesure, en vérifiant la prononciation associée à chaque phalange. Quand chaque phalange a reçu son morceau de mot, je tends le doigt et balaie avec l'index de ma main droite celui de ma main gauche, de l'ongle vers le dos de la main, pour que les élèves prononcent le mot en reliant les battements entre eux. Ainsi, je peux organiser une longue pratique de ce mot, en morceaux ou ensemble. La qualité de la prononciation de ces mots dits « difficiles » s'améliore rapidement.

Les avantages de la correction sur les doigts

L'utilisation des doigts constitue une façon très élégante de corriger. Elle maintient la présence des élèves de manière efficace. Elle propose un défi à résoudre à tout le groupe, et pas simplement à un individu en particulier. Elle n'engendre aucun sentiment de culpabilité chez les élèves. Elle donne à chaque phrase une relative permanence dans le temps sans que la phrase soit écrite. Elle est très flexible et peut être modifiée selon les besoins.

TROISIÈME PARTIE

Mise en application concrète

CHAPITRE 5

Débuter une année de travail

L'année commencera par un travail sur le panneau sons/couleurs. Celui-ci se trouve dans le rabat droit de la couverture du livre. Vous pouvez l'avoir sous les yeux pendant la lecture de ce chapitre.

Le temps nécessaire aux explications données dans ce chapitre est forcément beaucoup plus long que les actions elles-mêmes.

Le but de ce chapitre est de présenter une façon de travailler avec le panneau sons/couleurs. Les premières leçons de ce cours d'anglais commenceront avec ce panneau, et ce chapitre présente des séances de travail possibles. Elles se situeront avant l'introduction des panneaux de mots.

L'entrée en matière proposée ici est un début possible parmi des milliers. Les choix que j'ai à effectuer à chaque instant seront guidés par la réussite ou non des élèves. Si tout se passe bien pour un son particulier, il est inutile d'insister. Si un élève éprouve des difficultés avec un son ou une chaîne de sons ou de mots, il convient d'intensifier le travail avec lui afin qu'il obtienne une plus grande aisance. Les différentes variétés de la «langue arabe», (marocain, algérien, tunisien, etc.) contiennent entre trois et six «sons-voyelles», alors que l'anglais en contient dix-neuf ou vingt. Les arabophones auront besoin d'un long travail pour s'approprier ceux qui manquent dans leur langue. De même les Espagnols, les Italiens, les Japonais et beaucoup d'autres parlent des langues ayant bien moins de «sons-voyelles» que l'anglais, et il faudra un temps plus ou moins long aux uns et aux autres pour apprendre les sons qu'ils ne possèdent pas.

La première partie de ce chapitre donne des indications générales, la seconde sera consacrée à des explications plus spécifiques sur tel ou tel son.

Pourquoi travailler de cette manière ?

Pendant le travail décrit ci-après, un travail qui dure entre deux et quatre, voire cinq heures, mon but est de développer une prononciation excellente et une facilité d'expression chez mes élèves. Le sens n'est introduit à aucun moment. Il s'agit de faire vivre par l'élève les mouvements de l'appareil phonatoire typiques de la langue, nécessaires pour prononcer facilement les « sons-voyelles » inhabituelles, les diphtongues, les « th », « -ing » et autres « r » ou « h » que les élèves francophones trouvent si difficiles dans la langue anglaise. Ce temps passé sur la prononciation me donne l'occasion d'introduire l'accentuation dans les mots et les phrases ; leur rythme usuel, engendré par les accents toniques ; les intonations et mélodies typiques de l'anglais. Les élèves seront amenés à dire des chaînes de sons n'ayant aucun sens pour eux, même si je sais qu'il y a un sens à tout ce qui sera dit. Les élèves sont invités à porter toute leur attention sur la qualité de la réalisation des sons, le rythme et l'intonation. Pendant ce travail, je ne leur demande aucun effort de mémoire. Aucune difficulté orthographique, aucune ambiguïté de sens ne viendra les dérouter. La qualité de la prononciation s'en trouvera grandement améliorée.

Pourquoi ne pas donner de modèle ?

Tout au long de ce travail, je chercherai à ne pas donner de modèle. Je montrerai la forme de la bouche ou mimerai avec celle-ci les sons que je désire mettre en circulation, mais je ne les dirai pas. Il existe plusieurs raisons à cela.

Premièrement, si ces élèves me prenaient comme modèle, ils pourraient finir par croire qu'il existe une seule bonne prononciation de la langue anglaise, la mienne, et que toutes les autres prononciations seraient forcément erronées; ce n'est pas vrai. Au contraire, je peux facilement donner à mes élèves une entrée dans plusieurs prononciations de la langue, toutes parfaitement acceptables. J'ai même intérêt à leur montrer comment la prononciation de l'anglais américain diffère de l'anglais parlé au Royaume-Uni. Le plus souvent, il s'agit d'un simple changement de paramètre, celui de l'énergie, l'américain étant parlé avec un niveau d'énergie moindre par rapport à l'anglais britannique. Une fois que mes élèves savent produire la différence, l'affaire d'une vingtaine de minutes, je ferai en sorte qu'ils s'exercent systématiquement dans les deux grandes familles d'anglais, afin de maîtriser les deux et de choisir celle qui leur conviendra le moment venu.

Deuxièmement, si l'enseignant n'est pas natif de la langue, il vaut mieux que ses élèves ne l'entendent pas. Il possède certainement des critères pour la prononciation même s'il ne prononce pas toujours parfaitement lui-même, et il peut faire naître ces critères chez ses élèves sans parler. On peut parfaitement trouver des élèves qui prononcent mieux que leur professeur, et c'est bien ainsi. En tant qu'anglophone, je parle moins quand j'enseigne le français, même si je le parle bien, car je sais donner à mes élèves un accent qui peut devenir meilleur que le mien.

Troisièmement et le plus important : je veux que mes élèves explorent la langue. Si je donne ma version de la prononciation d'emblée, il n'y aura pas d'exploration, mais une tentative d'imitation, délétère pour le travail de « mise en bouche » que je désire obtenir de mes élèves. Apprendre à parler une langue est une activité intérieure, intime, et il convient de mettre les élèves au contact de leur vie intérieure si je veux qu'ils construisent les moyens de parler.

En revanche, il arrivera souvent que j'utilise l'un de mes élèves comme modèle, lui demandant de redire un son qu'il vient de réussir pour que les autres l'entendent. Servir de modèle soi-même et utiliser un élève comme modèle sont deux démarches très différentes, car les élèves savent bien que celui qui sert de modèle à un moment donné est peut-être arrivé à prononcer le son plus ou moins par accident. Ces quelques instants sous les feux de la rampe sont certainement temporaires, et les autres élèves ne peuvent compter sur lui que pour ce son. D'ailleurs, l'élève en question n'est souvent pas en mesure de redire le son qu'il vient de réussir, ce qui montre bien à tous que le travail d'exploration doit continuer. Ainsi, le besoin d'explorer et d'expérimenter n'est-il pas amoindri par ce procédé.

Puisque le sens n'a pas sa place dans le travail décrit ci-après, celui-ci peut s'effectuer sur la langue entière. Il est même possible d'aller au-delà de la langue si les suites de sons proposées sont en cohérence avec celle-ci. Quelquefois au début, on peut se découvrir en train de dire des expressions venant d'autres langues ; l'italien souvent : « *Oh mamma mia !* » ou le français « *Oh là là !* », prononcées à l'anglaise bien sûr ! Un peu plus tard, des expressions comme « *Abracadabra* » sont intéressantes à faire dire en anglais aussi. Ce sera une occasion de rire si les élèves reconnaissent ce qui est dit, et de s'investir dans les différences subtiles que produit un changement de langue.

La construction du panneau

On pourrait imaginer qu'il serait facile de décider combien de sons devraient figurer sur le panneau sons/couleurs. Il suffirait de se fier à n'importe quelle liste de phonèmes dans un bon dictionnaire de prononciation pour connaître les sons de l'anglais. En fait, ce n'est pas si simple, car ce panneau n'est pas strictement un panneau phonétique, mais un outil d'enseignement. Les critères permettant d'inclure tel ou tel son sont autant pédagogiques que phonétiques.

Le panneau est divisé en trois parties. Les voyelles apparaissent dans la partie haute, la partie centrale contient les consonnes, et les trois sons réduits, « schwa », « schwi » et « schwu », se trouvent sous la forme de trois points tout en bas.

Les voyelles

La partie du panneau montrant les voyelles comporte quatre lignes. La ligne de base contient toutes les voyelles dites « longues », les antérieures étant à gauche et les postérieures à droite. La deuxième ligne contient les voyelles dites « courtes » (même si en anglais, elles peuvent parfois être plus longues que les voyelles longues), chacune étant située immédiatement au-dessus de la voyelle longue correspondante. La troisième ligne contient les diphtongues majeures, c'est-à-dire /ei/, /ai/ et /ɔi /, toutes les trois se terminant par le son /i/ à gauche du panneau, et /æʊ/et /ɜʊ/ qui se terminent toutes les deux par le son /ʊ/ à droite du panneau. La quatrième ligne contient les diphtongues /iə/, /eə/ et /uə/.

Cependant, les élèves ressentent mieux la façon dont l'énergie est distribuée entre les deux éléments de ces trois diphtongues si elles sont présentées comme étant une voyelle forte suivie d'un « schwa ».

De même, les triphtongues sont présentées comme étant des diphtongues suivies d'un « schwa ». Les deux diphtongues qui entrent dans la constitution des triphtongues — /ai/and /ei/ — étant présentes sur ce panneau, cette option ne crée pas de problème particulier.

Les consonnes

La plupart des consonnes sont arrangées en une grille de lignes et de colonnes. La première ligne contient les consonnes sourdes, alors que la deuxième est constituée des consonnes sonores correspondantes. Juste au-dessous, à la troisième ligne, se trouvent les nasales, si elles existent, et la quatrième ligne comporte deux consonnes seulement, /l/ et /h/.

Les colonnes, en revanche, sont arrangées selon l'endroit ou les consonnes sont articulées dans la bouche. Ainsi, les première et deuxième colonnes à gauche contiennent /f/ et /v/, et ensuite /p/, /b/ et /m/, articulées toutes avec les lèvres. Les cinq séries de la partie centrale sont articulées par la langue autour de la crête alvéolaire, alors que les trois consonnes de la ligne de droite sont articulées par l'arrière de la langue contre le voile du palais.

Trois consonnes jouxtent la ligne médiane, juste au-dessous les voyelles. Ce sont les semi-consonnes. Elles occupent cette place, parce qu'elles sont intimement liées aux voyelles immédiatement au-dessus. On s'en rend compte aisément en disant les deux voyelles /i:/ et /u:/ rapidement l'une après l'autre, puis en prenant encore de la vitesse. Si on commence avec /i:/, en disant /i:u:/, pour ensuite réduire les deux sons à un seul en parlant plus rapidement, le /i:/ se transforme en /j/. De même, si on commence avec /u:/ suivi du son /i:/, disant ainsi /u:i:/, c'est le contraire qui se produit. Le /u:/ se transforme en /w/. Ces sons fonctionnent en anglais comme consonnes, mais les voyelles avec lesquelles elles sont associées ne sont jamais loin.

Le /r/ se trouve juste au-dessous du son / ɜ:/. Leur proximité sur le panneau reflète leur similarité dans la langue, et beaucoup d'élèves arrivent à trouver le /r/ en anglais en commençant avec le son /ɜ:/.

Les sons neutralisés

Le panneau sons/couleurs prend en compte les trois sons neutralisés en anglais. Le premier des trois, le « schwa » /ə/, est le son de la première syllabe du mot « *about* ». Il apparaît sous forme d'un petit point jaune tout en bas du panneau, au milieu. La deuxième voyelle neutralisée est le son que l'on trouve dans la première syllabe du mot « *begin* » — nous trouvons commode de l'appeler « schwi », et le troisième, que nous appelons « schwu », est le son dans le mot « *to* » dans la phrase « *to Italy* ». Le « schwi », d'un rose très pâle, se trouve dans la ligne de « schwa », en bas à gauche du panneau, et dans la colonne des roses et rouge de la famille des /i:/, alors que le « schwu » apparaît comme un point vert pâle, placé dans la colonne des verts de la famille des /u:/, en bas à droite.

L'enseignement du « schwa » sera traité dans la section 13 de ce chapitre, et celui de « schwi » et de « schwu » dans la section 23. Il convient néanmoins de préciser ici que la clé d'une excellente prononciation de la langue anglaise dépend directement de la maîtrise de ces sons.

L'ordre d'introduction des sons

Il convient de commencer par les sons les plus faciles, ceux qui existent dans presque toutes les langues. Pendant les toutes premières minutes de la première leçon, je cherche surtout à établir les règles du jeu, non à entrer dans les difficultés. Cependant, je ne tarde pas à introduire les sons les plus difficiles pour les francophones, ceux qui demanderont le plus de pratique, car je veux donner aux élèves tout le temps de l'expérimentation avec ces sons et ce, dès le début du cours. Je vise à ce qu'ils obtiennent une facilité certaine de parole et de prononciation.

Ce travail des premières heures peut être considéré comme ayant la même fonction que le babillage, que nous avons tous fait dans notre berceau quand nous avons mis en place les circuits de feed-back nécessaires pour apprendre à parler notre première langue étrangère, la langue maternelle. Ici, les élèves le font de nouveau.

Que cherchons-nous à obtenir ?

Ces leçons introductives à la prononciation de l'anglais n'ont pas pour but d'obtenir une prononciation parfaite immédiatement. Ce serait illusoire même d'y essayer. Le but est d'arriver à un point où chaque élève sait ce qu'il devrait essayer de faire pour dire chaque son. Ils devraient savoir ce qu'ils visent. Ils devraient tous savoir comment les sons de l'anglais « sonnent » en bouche, même s'ils ne peuvent pas encore les produire tous.

© Eyrolles

Ce travail occupe entre deux et cinq heures avec de grands enfants ou des adultes, un peu plus avec des enfants plus jeunes. Ces heures passées au début du cours permettront aux élèves de gagner du temps plus tard.

La rétention du panneau sons/couleurs

À aucun moment le but de ce travail ne sera l'apprentissage de la correspondance son/couleur sur le panneau. Les élèves retiendront celle-ci à cause des multiples passages par chaque son, et non par un effort de mémorisation. D'ailleurs, si je m'aperçois qu'un élève cherche à mémoriser, je lui demanderai de cesser de le faire, demande qui restera probablement sans effet, car les « mémoriseurs » ne changent pas d'habitude si facilement ; mais la demande aura été faite et pourra être réitérée. Les correspondances entre les sons et les couleurs s'établissent par l'utilisation, par la familiarité, et non par la mémorisation ; elles sont maintenues par le système de rétention présenté dans le premier chapitre. La plupart des élèves finiront probablement par bien connaître le panneau.

Les quelques leçons décrites ci-après sont des « leçons de gymnastique buccale », car la bouche de chacun doit apprendre à dire ces sons de cette nouvelle manière. Tout changement dans les habitudes musculaires est fatigant, et la bouche ne fait pas exception. L'appareil phonatoire de chaque élève aura besoin d'exercice pour parler l'anglais, et les élèves ressentiront une certaine fatigue.

Les positions articulatoires : la « postura »

Il existe pour chaque langue une position spécifique adoptée naturellement par les natifs pendant la production de la langue parlée. Cette position s'appelle la « postura ». C'est la forme naturelle que prennent la bouche, les joues, la gorge, et surtout la langue, lorsqu'on parle sa langue.

Pour le français, par exemple, la pointe de la langue est posée juste derrière les dents inférieures. Depuis cette position, le «dos» de la langue peut atteindre tous les endroits que l'on utilise le plus souvent pour produire le français. La mâchoire étant très mobile, on atteint facilement la position pour toutes les voyelles depuis cette place de repos. La langue française est parlée avec une certaine tension aussi bien dans la langue que dans les lèvres. Celles-ci sont extrêmement mobiles et sont souvent tendues en position arrondie vers l'avant de la bouche. Elles sont mues par des muscles que les non-natifs doivent développer pour parler cette langue.

En revanche, les anglophones placent la pointe de la langue juste derrière les dents supérieures quand ils parlent leur langue. De cette position, ils peuvent très facilement l'avancer dans la direction des dents supérieures, et les toucher de façon sélective avec une dépense énergétique très faible. La grande majorité des consonnes anglaises sont produites par la langue en relation plus ou moins étroite avec les dents supérieures. La langue reste toujours très relâchée. Si elle touche les dents, il suffit d'un petit souffle d'air pour l'écarter : c'est pourquoi les /t/ sont aspirés en anglais.

Il est bien utile de travailler sur ces aspects généraux de la langue. Je fais prononcer à mes élèves quelques sons comme /ta/, /sa/, /na/ ou /da/ et /za/ et des combinaisons comme /anz/, /ats/ en leur demandant de bien ressentir ce qu'ils font avec leur langue par rapport aux dents. Je pourrais ainsi leur dire :

Illustration

« Où se trouve votre langue quand vous parlez en français ? Qu'est-ce qu'elle fait ? Sentez... sentez où elle est... Quand vous arrêtez de parler, où se repose-t-elle ? Ou est la pointe ? »

« Dites /s/. Est-ce que vous pouvez sentir une petite turbulence juste derrière vos lèvres ? Faites /ʃ/. Est-ce que vous sentez une turbulence ? La même ? Est-ce au même endroit que pour le /s/ ? »

« Faites maintenant un /ʃ/. Maintenant, faites un /θ/, mais écartez à peine la langue pour qu'il n'y ait plus de turbulence. Laissez toujours une place pour que l'air sorte, et faites un son. Quel son faites-vous ? » (Ce sera un /r/ chez certains, et j'utiliserai l'une de ces personnes, puis une autre, et une autre, etc., comme modèle pour obtenir ce son chez un plus grand nombre d'élèves, puis chez tous.)

« Essayez maintenant de mettre un /a/ derrière ces deux sons. Qu'est-ce que vous obtenez ? » (Il y a des chances que ces « mots » soient /ʃa/ et /ra /.)

Je guide ainsi mes élèves dans des exercices de ce genre pour qu'ils retrouvent la sensibilité accrue de cette partie de leur anatomie qu'ils avaient quand ils étaient bébé. Les élèves ont à chercher dans leur bouche des sensations, des « textures » de sons, des niveaux d'énergie musculaire, des degrés de souplesse. De telles indications sont susceptibles de rendre la prononciation plus précise pour ceux qui veulent bien se donner la peine de les explorer.

Devoirs liés à la prononciation

Sachant que les changements musculaires nécessaires pour parler l'anglais prendront plus de temps que je ne peux y consacrer dans mon cours, je peux aussi donner des devoirs à mes élèves sur la prononciation. Ils sont destinés à prolonger le temps passé à explorer les sons de la langue. Je pourrais leur dire : « *Promenez-vous dans le parc tout seul et essayez de dire les phrases d'aujourd'hui à haute voix. Faites en sorte que votre bouche prenne du plaisir à parler anglais.* » Ou : « *Pro-*

menez-vous dans le parc, et parlez-vous à haute voix en français en vous donnant un accent anglais très prononcé. Essayez de voir ce que vous faites pour y arriver. Essayez ensuite de parler en anglais en faisant la même chose. »

En effet, je cherche à ce que les élèves reproduisent non ce que les anglophones disent, mais plutôt ce qu'ils font « avec eux-mêmes ».

Place à la première voyelle, celle de « *far* »

Pour commencer, j'affiche le panneau de rectangles sons/couleurs. Les élèves voient quarante rectangles de différentes couleurs en trois groupes, un groupe de dix-neuf rectangles en haut, les voyelles, un groupe de vingt-quatre au milieu, les consonnes, et trois points en bas, le « schwa », le « schwi » et le « schwu ».

Je vais diriger leur attention sur le son /ɑ:/, de couleur pourpre. Ce son constitue un bon choix, surtout si la classe est constituée de différentes nationalités, car il semble que toutes les langues du monde le possèdent, et sa production ne pose jamais de problème — il suffit d'ouvrir la bouche, de faire vibrer ses cordes vocales et c'est ce son qui sort. Les élèves auront donc l'esprit dégagé pour la mise en place des conventions de travail.

Je touche le rectangle correspondant à ce son, de couleur pourpre, et je prononce une seule fois le son. Par un geste, j'invite les élèves à émettre le son. Je pointe de nouveau le rectangle pourpre et les élèves, invités par un geste ou non, disent le son une nouvelle fois. Je le pointe encore et les élèves le redisent. Ainsi est introduite une première convention entre les élèves et moi : ils savent désormais quel son est associé au rectangle pourpre, et aussi que lorsque l'on touche ce rectangle, il convient de dire le son correspondant. Jusqu'ici, la leçon a pris trente secondes.

À présent je peux introduire un jeu : je pointe deux fois d'affilée le rectangle pourpre et les élèves disent deux fois le même son. Ensuite, je pointe deux fois, suivi d'une pause, puis une troisième fois, et les élèves disent les sons en se servant du rythme indiqué. Si je pointe trois fois d'affilée en accélérant le geste, les élèves diront trois fois le son plus rapidement.

Je peux aussi demander aux élèves de venir pointer — les jeunes enfants adorent le faire — pour faire dire des suites de ce son à leurs camarades. Il est utile d'instaurer une règle quand les élèves pointent : « Pas plus de quatre sons successifs », par exemple.

Quand je suis satisfaite de la justesse du son, plusieurs possibilités s'ouvrent. La classe peut commencer un travail sur l'intonation ou sur un deuxième son.

L'intonation

Si la décision est prise de travailler l'intonation, le but est d'arriver à ce que les élèves contrôlent le placement de leur voix. Je pointe le rectangle pourpre et dessine en l'air avec ma main un arc de cercle vers le bas ; la plupart des élèves émettent le son avec une intonation descendante. J'indique à ceux qui n'ont pas pu le faire d'imiter quelqu'un qui y arrive, et fais remarquer, si nécessaire, que l'élève est en train de faire monter sa voix alors qu'on veut que celle-ci descende. « *Quand tu le dis, j'entends ceci* (j'indique par un arc de cercle vers le haut que la voix monte), *alors que je voudrais que tu fasses cela* » (je produis le geste pour une intonation descendante.).

Il est surprenant de constater la difficulté que certains élèves peuvent éprouver à contrôler la hauteur de leur voix. Le travail doit se poursuivre pendant quelques instants. Ce cours n'est pas le dernier sur cet aspect de la langue, et il sera possible d'y revenir à tout moment. Il est important cependant que l'élève qui n'y parvient pas ait conscience de sa difficulté. Je lui dis : « *Ce n'est pas grave, tu y arriveras demain.* »

De cette façon, la notion est introduite que je vais guider les élèves à produire une intonation quand celle-ci est nécessaire. Une nouvelle convention est introduite : les élèves savent que cette langue possède des intonations montantes et descendantes et que j'utiliserai des gestes pour obtenir l'intonation souhaitée.

La mélodie sera travaillée pendant la production de toutes les phrases, selon le sens, en demandant toujours aux élèves de vivre réellement ce qu'ils disent.

La deuxième voyelle, celle de « green »

Si la décision a été prise de travailler sur un deuxième son, un bon choix serait le son /i:/ qui est rouge sur le panneau sons/couleurs. Ce son est très commun dans toutes les langues et ne devrait pas poser de problème particulier.

Cette fois, il n'est pas nécessaire de dire le son. Il suffit juste de tirer les lèvres comme si on allait le dire, d'inciter tout le monde à dire un son, et quelqu'un dans la classe finira par prononcer le son recherché. Je lui demande alors de le redire, et la classe utilisera cet élève comme modèle pour le son. Je pourrai intervenir pour que le son soit produit de façon légèrement plus longue qu'en français. Je vais travailler ce son comme pour le précédent, puis les deux ensemble. Il faut combiner ces sons et varier les intonations et le rythme.

Même s'il y a eu un travail sur l'intonation, cela fait moins d'un quart d'heure que la leçon a débuté.

Introduction de /u:/ comme dans « too »

Un bon choix pour une troisième voyelle est le son /u:/, de couleur vert foncé, car il est très distinct des deux autres déjà en circulation et existe dans beaucoup de langues de par le monde.

Ce son est susceptible d'être mal prononcé, car il est très arrondi en français, alors qu'en anglais, il est prononcé avec les lèvres non arrondies. C'est la première fois qu'un vrai travail sur la bouche sera nécessaire pour obtenir le son voulu, même si ce travail est facile.

J'indique avec mon pointeur que le son suivant correspond au rectangle vert foncé, et montre avec ma bouche de quel son il s'agit en avançant les lèvres juste assez pour déclencher le son par la vue. Je ne le dis pas. Le son devra être trouvé par un jeu de devinette. Tout le monde s'y essaie. Certains diront le son recherché, d'autres diront peut-être un /y/ ou un /o/, voire autre chose. Cependant, il est presque sûr qu'au moins un élève dira un /u/ français. Dans ce cas, j'indique lequel des élèves a prononcé le son le plus proche de celui qui est recherché et lui demande de le refaire. Indiquant qu'il faut prendre comme modèle celui qui réussit le mieux, j'attends que tout le monde ait prononcé un son semblable.

Dès que plusieurs élèves s'en approchent, je peux les choisir comme modèles. Je change de modèle plusieurs fois, parce que certaines voix sont plus difficiles à entendre que d'autres. Je veux donner à mes élèves la possibilité d'entendre le son avec plusieurs timbres de voix, qu'ils soient masculins ou féminins. C'est la variété qui importe ici, et non la perfection.

Si personne ne dit le son recherché, j'indique par des gestes qui s'en approche le plus, mais aussi après chaque production, que ce n'est pas encore le son voulu.

En fait, j'ai tout mon temps. J'ai plusieurs buts. L'un est d'atteindre le son. Un autre, plus important à ce stade, est que les élèves réinvestissent leur bouche, mettant leur présence là où ils ne l'ont peut-être pas mise depuis des années. Donc, j'ai intérêt à ce que personne n'arrive à la perfection immédiatement. C'est l'exploration qui importe ici, non le résultat. J'indique par des gestes lequel des élèves s'en approche le mieux, qui arrive à le prononcer assez bien et qui doit radicalement changer ce qu'il dit pour produire tout autre chose. À aucun moment je ne prononce le son.

Une fois que j'estime qu'un travail d'exploration a été effectué par tout le monde, et que tout le monde connaît la nature de ce son, même s'il n'est pas encore très juste, je peux passer à un autre son. Par exemple, je pourrais introduire des glissades entre /a:/ et /i/, ou entre /a:/ et /u/, suggérant les diphtongues /ai/ et /au/, à venir. Le but de cette étape est de mettre les élèves en contact de mouvements différents de ce qu'ils connaissent. Quelques instants suffisent. Je ne recherche toujours pas la perfection, mais l'exploration, le contact avec l'inconnu.

La première consonne : /m/

Le moment est venu d'introduire une consonne. Les consonnes se prononcent toujours avec un «son-voyelle». Elles s'appellent «consonnes» justement parce qu'elles «sonnent avec» la voyelle. Certaines consonnes, en particulier celles dites «plosives», ne peuvent pas être prononcées sans une voyelle et donc il faut toujours pointer une voyelle avec elles. Les prononcer isolément peut créer de mauvaises habitudes.

La première consonne sera le /m/, de couleur orange, facile entre toutes : il suffit de fermer la bouche et de faire du bruit, et c'est /m/ qui sort. Ce son se trouve dans le secteur central du panneau, et certains élèves verront immédiatement que sa location est différente des sons qui ont précédé ; ils devineront que cette différence est peut-être significative. Tant mieux pour eux. Les autres le découvriront d'ici quelques minutes...

Si la classe est constituée de très jeunes élèves ne sachant pas encore lire, il est probable qu'ils ne joignent pas la consonne à la voyelle pour faire une syllabe continue, /ma/. (C'est un grand pas à franchir au tout début de l'apprentissage de la lecture.) Dans ce cas, il suffit d'un geste particulier pour que quelqu'un le fasse, et les autres le sauront grâce à lui. J'indique avec mon pointeur que je place virtuellement la voyelle dans la paume de ma main gauche, et la consonne dans la paume de ma main droite, puis je frappe mes deux mains. Le plus souvent, quelqu'un devine ce que l'on recherche et dit /ma/.

L'introduction de ce son permet d'aboutir à des syllabes du genre /ma/, /mi:/ et /mu/ mais aussi /um/, /i:m/ et /am/, puis /mami/, /mima/, /mumu/, et bien d'autres. De petites « phrases » deviennent ainsi possibles.

C'est l'occasion d'introduire la notion d'inversion, qui sera utile plus tard lors du travail sur les mots. Je pose l'un des sons sur mon index et l'autre sur mon majeur, la paume de la main face à moi, puis je tourne la main de façon à ce que la paume soit face aux élèves pour indiquer l'inversion que je souhaite entendre. Je peux aussi simplement croiser les doigts. Le choix dépend de l'âge des élèves.

Dès à présent, je demande implicitement à mes élèves de penser en termes de transformation, ce qui se révélera important par la suite.

La deuxième consonne : /t/

Le son /t/ (de couleur fuchsia) est utile comme deuxième consonne, car il se combine facilement avec /m/ pour faire de vrais mots en anglais comme *me*, *ma*, *tea*, *teat*, *art*, *tar*, *toot*, *tart*, et en combinaisons *eat*, *meet*, *team*, *mart*, *too*, *tomb*, etc. Des simili-mots peuvent également servir à ce stade.

Je montre avec ma bouche que la pointe de ma langue touche un endroit derrière les dents supérieures. Quelqu'un trouvera le son recherché. Si un élève propose /l/, je peux décider de traiter /l/ avant /t/, puisque ce son est mis en circulation par quelqu'un... L'ordre d'introduction des consonnes n'a pas beaucoup d'importance.

Tout au long de la leçon, le rythme et l'intonation seront rappelés en combinaison avec les sons sur lesquels les élèves travaillent.

L'introduction du « schwa » (/ə/), le premier son du mot « about »

Arrivés à ce stade, les élèves ont dû comprendre ce qui est attendu d'eux, et les choses « sérieuses » peuvent commencer... Il est temps d'introduire le « schwa » ou « e » neutralisé. Celui-ci se trouve tout en bas du panneau sons/couleurs sous la forme d'un petit point jaune. Le choix de sa représentation par un point en bas du tableau reflète bien la nature de ce son. Le point représente l'énergie réduite de ce son par rapport aux autres, et sa place sur le panneau correspond à sa hauteur dans les mots et les phrases. Le « schwa » est caractérisé par le fait qu'il ne porte ni l'accent tonique ni un accent secondaire en anglais, et par le fait qu'il ne porte pas d'énergie. En fait, la tendance actuelle chez les phonéticiens anglophones est de considérer que le « schwa » n'est même pas une vraie voyelle de la langue, mais un autre phénomène.

Ce son est très court et très faible. Il est aussi très commun : certains phonéticiens estiment que 55 % des syllabes de l'anglais sont réalisées avec ce son. Il est le coupable quand les Français se plaignent du fait que les anglophones « avalent tout » quand ils parlent l'anglais. C'est ce son qui crée le rythme si caractéristique de la langue anglaise. Il est donc indispensable de bien le prononcer. C'est de loin le son le plus important si l'on veut bien prononcer l'anglais.

Comment travailler avec le « schwa » ?

Je montre le point jaune, indique avec ma bouche, qui ne sera ni tirée, ni poussée, les lèvres à peine écartées, que c'est un son neutre, et avec mes deux doigts tout proches l'un de l'autre qu'il s'agit d'un tout petit son. Quelqu'un finira par le trouver. Si la classe ne contient que des hispanophones ou des arabophones, ce sera plus difficile, car ce son n'existe pas dans ces langues. Il faudra quelques secondes de plus pour que quelqu'un y arrive. Je refuse toutes les propositions, le plus souvent indiquant avec mes doigts que ce qui est proposé est trop énergique, jusqu'à ce que quelqu'un trouve un son rapprochant. Il s'agit de frapper l'imagination avec ce son.

À partir de là, je vais ajouter une nouvelle dimension aux gestes dont je me sers pour indiquer l'intonation. J'utiliserai la main pour indiquer quelles parties des mots seront accentuées et quelles parties seront réduites. Je monterai la main à la hauteur de mes épaules pour toute syllabe accentuée, et la baisserai vers ma taille pour toute syllabe contenant un « schwa ». Les élèves se rendront rapidement compte que ce qui est montré au niveau des épaules correspond à un rehaussement du niveau de l'énergie, alors que ce qui est en bas correspond à une chute ou même à un effondrement d'énergie. J'aurai à utiliser cette gestuelle pendant toute la durée de ce cours, voire toute l'année scolaire si le cours a lieu à l'école.

Un travail commence pour ajouter ce son aux combinaisons que l'on vient de dire ; par exemple : « tar, tart, a tart, a Tartar », avec comme rythme   /   /   ./   ./.

Le point indique la présence du point jaune, donc du « schwa », et le trait oblique un accent. Je montre « tar » et « tart » avec une intonation descendante, « a tart » avec le premier battement en bas et le second en haut, et « a Tartar » avec l'accent en haut pour « Tar- » et en bas pour « a » et « -tar ». De même : « mart, martyr, a martyr » avec les mêmes rythmes :   /   /.   ./.

Je travaille de la même manière pour tout ce qui suit :
« me, meat, meter, a meter, a meat-eater » et le rythme :
    /   /   /.   ./.   ./   /.

Les diphtongues centralisantes
L'apparition du « schwa » ouvre la voie également aux diphtongues centralisantes : « mere, mayor, tear /tiə/, tear /teə/, tour, seer, sewer ».

L'équilibre énergétique de ces diphtongues devrait être travaillé longuement. Le poids, la force de la diphtongue se trouvent sur le premier élément, et le « schwa » sera neutralisé, comme d'habitude. Il est utile d'introduire un geste pour suggérer cette baisse énergétique si caractéristique du « schwa ». Par exemple, je peux m'effondrer sur moi-même pour indiquer la baisse de tonus ; tenir mon poignet ferme, puis le rendre mou ; fermer mes doigts avec énergie, puis les ouvrir, flasques. Il s'agit en somme de trouver un moyen de signaler ce changement énergétique. Les élèves devront trouver en eux-mêmes le moyen de le faire quand ils parleront en anglais.

Tout au long du cours ou de l'année scolaire, je veille à travailler l'accentuation, et surtout la réduction, la neutralisation qui accompagnent le « e » neutralisé, avec les gestes introduits ici. Les élèves doivent apprendre à chercher les accents toniques, à les repérer et à s'en servir quand ils parlent. Quand j'enseigne, j'ai souvent l'air d'un chef d'orchestre, donnant les impulsions à la musique de ma classe. L'anglais est une langue qui existe par le rythme.

Ces mêmes gestes pourront être transférés plus tard quand j'écrirai des phrases au tableau avec les signes introduits ici : un point pour indiquer un « schwa » et un trait oblique pour un accent. J'ajoute un « antislash » ou trait oblique inversé (\) pour les accents secondaires.

Il est préférable de réussir quelques phrases plutôt que d'en travailler beaucoup de façon superficielle, sans aboutir à une compréhension intime de ce qui est recherché : le rythme de l'anglais.

L'introduction de /s/

La mise en circulation de /s/ (de couleur vert pomme) permettra d'autres combinaisons. Pour obtenir ce son, je peux tirer mes lèvres en montrant mes dents et faire un petit mouvement avec mes doigts à côté de ma bouche, de façon à évoquer un chuintement ou une turbulence. Quelqu'un trouvera... Ou je peux décider de suivre une des propositions faites par les élèves : /z/ ou /ʃ/ ou encore /ʒ/ peuvent apparaître à partir de mes indications visuelles, et l'un des deux premiers pourrait être accepté. Le son /ʒ/ est trop peu courant dans la langue pour être utile au stade où nous en sommes.

Imaginons que le /s/ soit choisi. Des séries comme celles-ci deviennent alors possibles :

Illustration

« *See, seem, seat, a seat, a seater, a two-seater* », etc.

« *Tea, team, a team, steam, a steamer* », etc.

« *Are, art, mart, a mart, smart, smarter, a smart mart, a smarter mart* », etc.

« *Tar, tart, tarts, star, start, starts, starter, a starter* », etc.

« *A meat-eater eats meat* », « *a smart team* », « *a star team* », etc.

De telles séries mettent en exergue le rôle du « schwa » et la manière de l'insérer dans les mots et les phases.

La signification

Un petit rappel : même si ces phrases ont un sens, les élèves ne sont jamais mis au contact de celui-ci. Introduire le sens aurait comme effet de précipiter les élèves dans une course à la mémorisation au détriment de la recherche qu'ils ont entreprise sur leur système phonatoire. La mémoire sera sollicitée un minimum dans ce cours, et sûrement pas au début. Je travaille ici pour que les élèves sachent produire les rythmes de l'anglais dans cet univers restreint de quelques voyelles et consonnes faciles. Je le fais très tôt, dès que c'est possible, parce que je veux que mes élèves aient le rythme activement en bouche, et je sais qu'il faut du temps. Je travaille sans relâche pour que mes élèves apprennent cela par la pratique.

Étape suivante

Même si un enseignant lecteur de ce livre avait voulu suivre les instructions indiquées ci-dessus à la lettre, il est peu probable qu'il aurait pu le faire, ayant cédé probablement à la tentation d'introduire d'autres sons à la faveur d'une Leila, Anna ou Marie, d'un Ali ou Mamoudou qu'il a intégrés dans cette étude. C'est bien ainsi. Cette approche invite les enseignants à se donner une très grande flexibilité. Mais cette flexibilité nous empêche d'établir un programme, sinon dans les grandes lignes. Par ailleurs, je le rappelle, le rôle de l'enseignant est de rester « collé » à la réalité de sa classe. Or ses élèves ont des problèmes de prononciation spécifiques, impossibles à prévoir dans un livre.

Les indications qui suivent sont donc à incorporer dans les leçons quand elles seront utiles. Nous quittons le mode « guide pas à pas » pour ne plus donner qu'une esquisse de ce qui pourrait être fait son par son, sans prendre en compte ce qui aura été introduit auparavant. Au lecteur de « coudre » ensemble les sons disponibles à un moment donné pour constituer des mots et des phrases dont sa classe aura besoin à ce moment-là.

Les autres voyelles de la première ligne

Les trois voyelles déjà en circulation sont toutes issues de la même ligne sur le panneau, la ligne de base des voyelles. Il convient d'ajouter l'une après l'autre les autres voyelles de cette ligne.

Les sons /3:/ (turquoise comme pour « *heard* ») et /o:/ (marron foncé, comme pour « *four* ») requièrent un peu d'attention. La langue anglaise n'utilise pas le phénomène de la labialisation, si commun en français. La labialisation consiste à pousser les lèvres loin en avant en position arrondie. Les sons qui sont labialisés en français ne le sont pas en anglais, et il convient de montrer par des gestes que les lèvres resteront aplaties dans la nouvelle langue. L'arrondi est à peine esquissé.

Ces voyelles seront liées aux consonnes déjà en circulation pour construire de nouveaux mots.

Illustration

« *More, morse, mortar, a mortar* », etc.

« *Sort, a sorter, taught, taughter, storm, a storm, a short storm.* »

« *Saul is tall, Paul is short. Paul is shorter than Saul or Maud.* »

« *Paul talks to Maud on the lawn. Maud yawns and falls. Poor Maud!* »

Ou encore :

« *Sir, stir, terse, a stir, a stirrer* », etc.

« *Term, a term, the first term, the third term* », etc.

« *Perle has curly hair. She's thirty.* »

« *The early bird catches the worm.* »

Le son /e/, que l'on trouve surtout dans la diphtongue /eə/, pourra profitablement attendre l'arrivée des deux consonnes s'écrivant avec « th ». Les mots « *there* » et « *their* », ainsi que ceux du groupe « *the* » « *this* », « *these* », « *those* » et « *that* » sont de loin les plus importants pour ce son. Il y aura un long et minutieux travail à faire autour des formes réduites de ces mots et les réductions à effectuer quand ils sont en contexte : « *there are* » qui se prononce /ð.r./ et en deux battements, où chaque point représente un « schwa », par exemple.

Le son /ɛə/ donnera des suites comme :

Illustration

« *Here and there. It's neither here nor there.* »

« *Where? There!* »

« *Mary's hair is fair, Mary has fair hair.* »

« *Wear and tear, lots of wear and tear.* »

« *I swear!* »

« *Various pairs of clothes to wear.* »

« *Mary and Sarah share a pair of shoes.* »

« *This is theirs. That's hers. There's mine. That's theirs* », etc.

La plupart de ces phrases utilisent la liaison /r/, donc il faut que ce son soit en circulation.

La deuxième ligne de voyelles

Les voyelles de la ligne de base sont toutes des voyelles longues. Celles de la deuxième ligne sont souvent considérées comme les versions courtes des voyelles de la ligne de base, et nous pouvons adopter cette hypothèse ici.

Le /ɪ/ comme dans « *hit* »

Ce son va être très utile et peut être introduit rapidement, car il nous livre « *it* » et avec lui, la possibilité de créer de nombreuses phrases vraies, plus élaborées que les suites de mots travaillées dans la première heure :

Illustration

« Eat it! The English eat fish and chips. Fish and chips are easy to eat. Jean drinks gin. Jeanine is in the kitchen » ;
« It's a little kitten. What a silly little kitty! Kitty has a silly little kitten. »

Le son /e/ comme dans « *bed* »

Ce son ne devrait pas poser de problème particulier, car le français possède des sons de cette famille : « *It set, it sets, met, a mess, Tess met Ted.* »

Le son /æ/ comme dans « *sat* »

Ce son est bien plus difficile pour les francophones qui ont tendance à le remplacer par un /a/, très différent pour une oreille anglophone. Le symbole phonétique rend bien sa réalité, un /a/ incorporant un fort élément de /e/. Il est bien plus ouvert que le /a/ français. Il est très courant et mérite quelques minutes pour bien cerner ce qu'il faut chercher.

Illustration

« A sack, a black sack. »
« Dad has a backpack. Dad has a backpack on his back. »
« A shack, an ass, a saggy bag, a shaggy mat, a flag », etc.
« A man with a flag on his backpack. »

Lors de sa présentation, j'ai intérêt à associer un geste à ce son. Je place les deux mains de part et d'autre de ma bouche comme pour un porte-voix, et les écarte brusquement l'une de l'autre, encourageant ainsi mes élèves à bien ouvrir la bouche et à bien écarter les lèvres pour ce son. Plus tard quand /æ/ sera accolé à /u/ pour créer la diphtongue /æu/, j'utiliserai le même geste au départ, mais rapprocherai ensuite les mains pour montrer la fermeture introduite par le son /u/ à la fin.

Le son /ʌ/ comme dans «*cut*»

Ce son est très facile, car c'est une version courte du /a/ en français. La difficulté n'est pas au niveau de sa prononciation, mais de son orthographe. En effet, l'orthographe la plus courante pour ce son est la lettre « o », ce qui déroute beaucoup de Français qui se seraient attendus à y trouver un « a ». Une autre orthographe courante pour ce son est la lettre « u ». Mais ici, dans le travail de l'apprentissage des sons parlés, les problèmes d'orthographe n'existent pas encore. Dans le travail avec le panneau sons/couleurs, aucune difficulté n'est à prévoir.

Illustration

On retrouve ce son dans des mots comme «*come*», «*love*» ou «*month*» ainsi que «*Sunday*», «*Monday*»:
« Mum cut the bun. Mum, come and cut the bun. »
« Other, another. One hundred and one. Take one; take another one. One's fun. »
« One day on a Sunday. »
« On Sunday, we won. »
« Money, money, money. Honey. Take the money honey, and have some fun! »
« Murray has a stun gun. Murray loves his gun. »

Le son /ɔ/ comme dans « not »

Ce son n'est pas arrondi comme il l'est en français. Les lèvres restent neutres. Il est considéré comme étant un son court, mais il est souvent plus long que d'autres sur cette ligne. Sa prononciation en anglais britannique ne devrait pas poser de problème particulier pour les francophones. On le trouve dans des mots comme : « *on* », « *rod* », « *not* », « *got* » et ses dérivés — « *gotten* » et « *forgotten* » — et beaucoup d'autres mots.

Il a la particularité d'être prononcé de façon très différente en anglais britannique et en américain, où il est bien plus ouvert. La différence entre les deux façons de parler l'anglais sera traitée un peu plus loin.

Illustration

« *Gone. John's gone.* »
« *Ron's fond of Yvonne's dog.* »
« *Yvonne's dog's wandered off. It's gone.* »
« *A hot dog. I got a hot dog.* »

Le son /ʊ/ comme dans « *put* »

Ce son n'existe pas en français, mais n'est pas très difficile à acquérir. Les francophones ont une tendance à avancer les lèvres en le disant alors qu'il se prononce, lui aussi, avec les lèvres non arrondies. Ils auront à s'éduquer à la neutralité des lèvres pour bien prononcer ce son et les autres de ce genre :

Illustration

« *Book, look. Look in the book.* »
« *Put your foot in the brook.* »
« *Captain Hook. Captain Hook was reading a book.* »

La ligne trois : les diphtongues

Une diphtongue est une voyelle qui débute en un endroit et qui glisse dans la direction d'une autre voyelle, le plus souvent sans y arriver. Toutes les voyelles simples étant en place, il devient possible de commencer un travail sur les diphtongues. (On peut d'ailleurs commencer le travail sur les diphtongues dès que les deux voyelles nécessaires sont disponibles.)

De façon générale, les diphtongues sont bien plus accentuées sur le premier élément que sur le second. Le défi sera, pour certains élèves, de se discipliner à toujours «glisser vers», sans céder à la tentation de ne dire que le premier élément. Un autre défi sera de bien doser l'énergie relative entre les deux parties.

Commençons par celles qui glissent en direction du son /i/, donc /ai/, /ei/ et /oi/. Les deux premiers sont les plus communs. Il s'agit de phrases comme :

Illustration

« I spy with my little eye »,
« Why, oh why did you buy a pie? »
ou *« A white knight riding a white bike. »*

Ensuite, /ei/ :

Illustration

– *« Day, date, May. Mayday, mayday! »*
– *« Jay, stay all day and play. »*
– *« The rain in Spain falls mainly on the plain »* (tiré de *« My Fair Lady »* : ne pas hésiter à chanter ces quelques mots…).

Puis, on utilise les deux :

Illustration

— « *Dave, make my day.* »
— « *Lady Di was my idol. Lady Di made my day.* »

Puis j'introduis les diphtongues glissant vers le son /ʊ/ : « *Now, cow, sow, brown, how* ».

Et pour finir, /ɜʊ / :

Illustration

— « *Joe, Joe Blow, John Doe. Joe's a joker. Joe told me to go.* »
— « *I loathe fried potatoes.* »

Les triphtongues

Enfin, j'arrive aux triphtongues, qui doivent être travaillées afin d'arriver à un bon équilibre énergétique entre les différents éléments :

Illustration

« *Fire, wire. FIRE!* »
« *Higher and higher.* »
« *The wire's higher. The wire's getting higher and higher.* »
« *Shower* », « *an hour* », « *a shower for an hour* ».
« *A flower* », « *It showered on the flower.* »
« *How're you? How're they?* »

Dans ce dernier cas, la triphtongue recouvre deux mots, ce qui ne change rien au travail à effectuer.

Les autres consonnes

Le son /r/

La difficulté de ce son est qu'il est en fait assez facile. Les élèves seront tentés d'en faire trop. La pointe de la langue se positionne juste derrière les dents supérieures en laissant de la place pour que l'air puisse passer. Le son /ʃ/ est très semblable, tout comme le son /t/, mais la langue est placée contre la crête alvéolaire, fermant ainsi complètement le passage de l'air pour ce son. Une technique pour trouver le son /r/ à partir du son /ʃ/ a été décrite en début du chapitre. Le son /t/ peut servir également de point de départ. Si on produit un /t/ et qu'on le laisse « exploser » extrêmement lentement, on passe vers la position du /r/. D'ailleurs pour les francophones, il est utile de coller les deux consonnes ensemble pour apprendre à prononcer le /r/ anglais.

Illustration

« *Ta, tra, strass* ».
« *Train, true, trim, trust, trusty* ».
« *A trusty train, trim and trusty, a trim and trusty team.* »

Le son /n/

Ce son est très facile pour tous et ne pose pas de problème particulier. Il permettra beaucoup de nouvelles possibilités, surtout celle de doubler tant d'autres mots grâce au mot « *and* » que je réduis à /n/, comme font très souvent les anglophones.

Illustration

« *Seen, seem, mean* ».

« *Tea, teen, Martin* (avec un /ə/), *smarter, smarten* » ; « *Martin's master's fun* » ; « *Martin's in a smart team* ».

« *Neat, neater, near* », « *a neat eater eats neater* », « *to smarten a team* »

« *Bigger and bigger* », « *faster and faster* », « *nearer and nearer* », et des dizaines d'autres comparatifs.

L'introduction de /h/

Les francophones trouvent ce « son-consonne » très difficile, car ils ne contrôlent pas consciemment l'ouverture et la fermeture de leur glotte, ce qui est impératif pour la maîtrise de ce son. Il est possible de le rendre plus facile en faisant sentir de quoi il s'agit. Je peux, par exemple, demander aux élèves de se mettre debout et de chercher de soulever un meuble très lourd, une table peut-être, tout en observant ce qui se passe pour leur respiration. Le réflexe dans cette situation est toujours de bloquer la colonne d'air sortant des poumons en fermant la glotte. Les élèves remarquent qu'ils ne respirent plus, et je les informe que c'est parce qu'ils ont fermé leur glotte. Je leur demande de l'ouvrir et de la fermer sur commande, car je désire qu'ils puissent le faire délibérément. Quand elle est ouverte, l'air de l'expiration passe vers l'extérieur sans encombre. Dans la vie de tous les jours, la glotte est ouverte, car on respire...

Je demande aux élèves de commencer à émettre un son, /a/ par exemple, pour apprendre à le dire en ayant la glotte fermée au début — dans ce cas, le résultat est une entrée dans le son assez abrupte, et sans « h » —, ou de le dire en ayant la glotte ouverte au début — dans ce cas le résultat sera /ha/. Il faut le faire tout en douceur pour bien sentir ce qui se passe.

Pour que les élèves contrôlent plus consciemment leur glotte, beaucoup de pratique sera nécessaire. Pendant des semaines, il est utile de revenir par la pensée à l'acte de soulever la table pendant quelques instants chaque jour afin de ressentir la glotte se fermer ou s'ouvrir, et de faire quelques exercices pour gagner en aisance. Cela ne nécessite pas beaucoup de temps à chaque fois, mais de le faire souvent. Ce qui est certain, c'est que, sans pratique, il n'y aura pas de progrès dans ce domaine.

Quelques phrases peuvent aider :

Illustration

— « *He's here* » ; « *Here he is* » ; « *Who is he?* » (cette dernière avec plusieurs intonations : la surprise, le dédain, la colère, etc.).
— « *Hat, his, he, his hat, he has a hat* », pour finir avec : « *he has his hat.* »
— « *Heat, heater, a heater* ».
— « *Hit, he hit it, he hits it* ».

Quand l'apprentissage du son /d/ sera lancé, il sera possible de revenir sur ces mots et phrases pour en ajouter d'autres :

– « *He has his hat on his head.* »
– « *He started to store some more.* »
  \   /   . .   /   .   /

Au fur et à mesure de l'addition de consonnes et de voyelles, d'autres phrases deviennent possibles :

Illustration

— «*He started a store, he started a mart*»; «*He started a smarter mart.*»
— «*He hit it. It smarted.*»
— «*He has to eat it. He has started to eat it*»; «*He hates her. He hates her hat. He hates it.*»
— «*He steamed it, it steamed*»; «*It's his steamer*»; «*His steamer stores steam*»; «*His steamer stores its steam.*»
— «*He saw it, he sees it*»; «*He started to see it, he started to seize it.*»
— «*He saw a star*»; «*He hit his head. He saw stars.*»

L'introduction du /ð/ de «then», puis de /θ/ comme dans «three»

Voici encore des sons considérés comme des «bêtes noires» par les francophones. C'est le premier des deux qui sera le plus utile, mais on peut parfaitement travailler les deux à la fois.

Les élèves cherchent souvent à faire bien plus que nécessaire pour produire ces sons. Non, on ne tire pas la langue. Non, celle-ci ne sort pas de la bouche, ni même n'apparaît entre les dents! Elle reste bien sagement derrière les dents supérieures, presque au même endroit que pour le /s/. Ces quatre sons — /s/, /z/ et /ð/ et /θ/ — créent une petite turbulence que l'on peut facilement ressentir. Pour le /s/, la langue est plus creuse, et la zone de turbulence est bien plus grande. Pour le /ð/, la langue est à peine plus aplatie contre le palais, ce qui donne une autre tonalité à la turbulence.

Quand les élèves sentent bien cette différence, je peux lancer un travail avec /tθ/ et /ts/ en préparation des mots «*eighth*» et «*month*» et les pluriels.

Le travail à effectuer pour obtenir ces sons se fait tout en finesse, non avec exagération. C'est un travail d'intériorisation, de ressenti. Plus il est fait avec sérieux pendant ces premières heures, moins il sera nécessaire d'y revenir plus tard. Si besoin est, cela représentera, comme pour le son /h/, un travail de quelques instants chaque jour.

Selon ce qui aura déjà été travaillé, j'opère un choix parmi les phrases suivantes, ou beaucoup d'autres :

Illustration

« *They, there, they are there* » ; « *There they are!* » ; « *They are theirs* » ; « *Theirs are there* » ; « *Here they are* » ; « *They are here.* » « *They hear them. They heard them.* » « *Think, sink* » ; « *I think they're sinking* » ; « *I think they're thinking.* » « *This thing is theirs. That's their thing.* »

L'enseignement de « schwi » et de « schwu »

Du point de vue pédagogique, chercher à faire une distinction systématiquement entre « schwa », « schwi » et « schwu » s'avère contre-productif. Cela se comprend aisément. Dès que les élèves essaient de détecter la différence subtile entre « schwa » et « schwi », ou entre « schwa » et « schwu », ils les prononcent tous les deux bien clairement pour mieux les entendre, et ce faisant, les accentuent, perdant immédiatement la qualité première de ces sons, en l'occurrence, le fait qu'ils se fondent dans les consonnes et disparaissent.

L'expérience nous a montré qu'on peut obtenir un meilleur résultat en pointant un « schwa » jaune même pour des mots tels que « *begin* » ou « *between* ». Une fois que les élèves comprennent ce qu'ils doivent faire, le « schwa » tend à disparaître comme il se doit, et le son de la voyelle n'étant plus distinct, l'effet est convaincant.

Cela ne va cependant pas sans difficulté. Par exemple, un problème se produit rapidement avec la phrase « *a quarter to eleven* ». Cette phrase contient deux accents, le premier sur la syllabe « quar » et le deuxième sur la syllabe « le » du mot « *eleven* ». Toutes les autres syllabes sont réduites et devraient être pointées au niveau du « schwa ». Mais dans cette phrase, exceptionnellement, le « schwu » du mot « *to* » et le « schwi » d'« *eleven* » sont pour une fois prononcés bien clairement et bien distinctement parce qu'ils sont côte à côte. De même, dans des mots comme « *influence* » ou « *February* », le « schwu » et le « schwa » sont côte à côte, et donc le « schwu » est prononcé.

La solution adoptée par la communauté Silent Way à laquelle j'appartiens est d'utiliser « schwa » toutes les fois que cela est possible et d'avoir recours à « schwi » et à « schwu » seulement quand c'est nécessaire. Pour les introduire la première fois que j'en ai besoin, je prends virtuellement entre mes doigts le rectangle rose du /i/ dans les voyelles et le « transporte », toujours virtuellement, à sa place en bas à gauche sur la ligne de « schwa » ; puis je montre là le point rose pâle, directement en dessous du rectangle dont il est issu. Ensuite, je peux toucher ce « schwi » quand c'est nécessaire. De même, le cas échéant, je descends un « schwu » à partir du /u :/ vert et le place là où se trouve le point vert pâle, directement en dessous du son dont il est issu. Les élèves adoptent facilement ces deux sons quand ils sont reliés comme cela à leur « parent ». Mais je m'en sers seulement quand je n'ai pas le choix.

L'anglais britannique et l'anglais américain

Les différentes variétés de la langue anglaise — anglais, américain, australien, etc. — sont semblables, même si les « sons-voyelles » peuvent être assez différents. C'est le cas parce que la langue est unie non par la prononciation des sons, mais par le rythme. Si le rythme est prononcé de façon convenable, la langue sonnera juste, quelle que soit la prononciation des sons.

Cependant, il existe une différence capitale entre l'anglais britannique et l'américain : c'est la quantité d'énergie utilisée pour les parler. Les

Anglais utilisent beaucoup plus d'énergie que les Américains (mais beaucoup moins que les Français en parlant leur langue).

Je choisis une phrase assez longue et fais en sorte que tout le monde puisse la dire facilement. Puis je demande à tout le monde de s'affaler dans leur siège, de se laisser aller, de se relaxer. Je leur demande de déplacer très légèrement leur mâchoire inférieure d'un côté ou de l'autre, de façon à ce que les dents du dessus ne rencontrent plus les dents du dessous. Cela a pour effet de rendre improbable la prononciation de la seconde partie des diphtongues.

Les /t/ deviennent /d/, car la langue ne touche presque plus la crête alvéolaire derrière les dents, et en tout cas, pas assez pour exploser le /t/ de façon britannique. La langue est un peu plus roulée, ce qui produit un /r/ à la fin des mots. Ce /r/ n'est pas réellement une consonne, tant il est prononcé faiblement. Tout est une question d'énergie dépensée quand on cherche à parler de ces deux manières différentes.

Nous passons un bon moment à explorer ces différences. Ensuite, de temps en temps, nous revenons sur cette question quand se présente une phrase qui s'y prête.

D'autres stratégies pour travailler les sons

Voici d'autres stratégies possibles pour travailler sur le panneau sons/couleurs.

Je peux évoquer une gamme jouée au piano, puis on démarre : «*do, re, mi, fa, so, la, ti, do*» (la gamme en anglais n'est pas la même qu'en français). Cette gamme, introduite assez tôt dans l'apprentissage des sons, me permet de rajouter quelques sons difficiles à deviner.

Je peux également travailler avec les prénoms des élèves. Je peux demander à chacun de venir pointer son prénom et d'être le gardien des sons qui le composent.

Lorsque la majorité des rectangles du panneau sons/couleurs a été travaillée, je peux demander aux élèves de trouver et de pointer des mots qu'ils connaissent en anglais. Même les débutants en connaissent beaucoup, mais souvent n'ont pas conscience de leur origine.

Je reviens sur ce panneau au bout de quelques jours ou quelques mois — la durée dépend du genre de cours, intensif ou scolaire — et passe une séance avec une mappemonde en anglais. Nous pointons les noms des pays sur le panneau sons/couleurs et construisons des petites phrases comme « *Beijing is the capital of China* » ou d'autres sous forme d'un quiz : « *What's the capital of China?* »

Au bout de trois, quatre ou peut-être même cinq heures passées depuis le début du cours, la classe connaît les différents types de sons que l'on trouve en anglais. Il est temps de poursuivre…

CHAPITRE 6

Se servir du Fidel
et des panneaux de mots

Quelques indications pratiques concernant le Fidel et les panneaux de mots, ainsi que la conduite de la classe, seront certainement utiles avant de commencer à construire des phrases. Tel est le but de ce chapitre.

Le Fidel

Le Fidel est une version étendue du panneau sons/couleurs. Si ce dernier contient les sons de la langue anglaise, le Fidel indique la relation exacte entre les sons et leur orthographe. Cette relation entre les sons et l'orthographe n'est pas évidente. En anglais, l'alphabet contient cinq voyelles et vingt et une consonnes alors que l'anglais parlé utilise vingt voyelles et vingt-quatre consonnes. En outre, les consonnes de la langue parlée ne coïncident pas toujours avec celles de l'alphabet. Par exemple, le premier son du mot « *shop* » ne correspond à aucune consonne dans l'alphabet.

Les quatre prononciations de la lettre « x » ne sont pas représentées sur le panneau sons/couleurs, parce qu'elles seront construites à partir de leurs sons constituants quand c'est nécessaire. En revanche, elles sont représentées sur le Fidel, parce qu'elles font partie du système orthographique.

Le Fidel sert chaque fois qu'un élève doute de la relation entre la prononciation d'un mot et l'orthographe correspondante. Il est souvent utilisé en conjonction avec le panneau sons/couleurs. Ce dernier révèle la prononciation du mot et les élèves apprennent rapidement qu'ils doivent chercher des graphèmes ayant les mêmes couleurs et dans le même ordre que celui qu'ils viennent d'utiliser. À cause des couleurs, ils savent dans quel secteur chercher chaque graphème.

Le pointage sur le Fidel doit être très précis. Quelquefois, les élèves peuvent émettre des avis différents quant à la prononciation d'un mot quelconque. C'est bon signe. Quand mes élèves ne sont pas d'accord sur la prononciation d'un mot comme « *capital* » — à pointer avec un « schwi » et un « schwa » ou avec deux « schwa » ? —, je sais qu'ils ont compris le rôle de ces sons. J'ai un problème que beaucoup d'enseignants rêveraient d'avoir ! Avec des enfants assez âgés ou des adultes, je ne cède pas à la tentation de donner une réponse. Je leur demande comment ils peuvent la découvrir. Je leur propose de chercher dans un dictionnaire. Si nous sommes dans un pays anglophone, je les envoie sur le terrain pour écouter afin de décider pour eux-mêmes.

Quels mots peut-on pointer sur le Fidel ?

Tout le vocabulaire usuel de la langue se construit à partir des graphèmes sur le Fidel. Cependant, plusieurs types de mots ont été écartés. Les noms propres de lieux et de personnes ont été omis, car ils sont idiosyncrasiques. Il valait mieux ne pas inclure un nom comme Beaulieu, prononcé comme si c'était écrit « Bewly ». De même, certains mots scientifiques qui sont inhabituels, même pour un non-spécialiste éduqué, ont été omis. « *Phthalein* », avec son « ph » muet, « *cnidaria* » et « *ctenoid* », avec leur « c » muet, ne figurent pas sur le Fidel. Les inclure aurait compliqué les choses sans permettre aux élèves de comprendre comment la langue anglaise se comporte habituellement. Si un étranger a besoin de ces mots, on imagine bien qu'il n'a plus besoin du Fidel. Le mot « *ptérodactyle* », en revanche, a été inclus, car beaucoup d'enfants curieux connaissent ce mot vers l'âge de sept ou huit ans, voire plus jeune. Le Fidel ne permet pas non plus de pointer quelques mots très peu courants comme «*jodhpurs*». Les mots étrangers comme «*fettuc-cini*» ont été écartés.

Un document «clé» existe, qui donne un exemple de toutes les orthographes associées à toutes les prononciations de la langue. Par exemple, il existe un mot qui contient le son /i:/ écrit avec les lettres «eo» : quel est ce mot ? C'est «*people*». Il existe un mot ayant ce même «son-voyelle», s'écrivant «oe». Quel est ce mot ? Il s'agit d'«*amoeba*».

Anomalies de la langue

Certains mots commencent avec un «son-consonne» quand ils sont pointés sur le panneau sons/couleurs, et par une voyelle une fois qu'ils arrivent sur le Fidel. C'est le cas de «*one*», qui commence avec le même son que «*wet*», une consonne, et du mot «*university*» qui débute avec le premier son de «*yes*», une consonne également, qu'il faut pourtant chercher parmi les voyelles sur le Fidel. C'est surprenant pour certains élèves.

Beaucoup de mots en anglais peuvent se dire avec un nombre de battements variables — deux ou trois, trois ou quatre, quatre ou cinq, et ainsi de suite, *par exemple* : «*separate*» (l'adjectif), «*restaurant*», «*sanitory*», «*secretary*», «*statutory*», «*library*», «*speciality*», «*secondary*», «*dictionary*», «*systematically*», et des centaines d'autres. Sur le Fidel, ces mots doivent être pointés systématiquement avec leur forme la plus longue. Donc, si le choix est entre deux et trois battements, il faut les pointer avec trois. Il convient de montrer ces mots sur le panneau sons/couleurs avec la prononciation longue, puis sur le Fidel, toujours avec la prononciation longue. Ensuite on peut montrer la prononciation courte sur le panneau sons/couleurs. En se servant de cette manière de pointer, les élèves comprennent comment les anglophones raccourcissent les mots, et même font disparaître des syllabes. Tout dépend de la vitesse de parole.

Apprendre à se servir du Fidel

Les lecteurs qui n'ont pas reçu une formation en phonétique sont susceptibles de trouver le Fidel déconcertant. Il leur faudrait donc une certaine préparation. Ils devront travailler sur la relation entre les graphèmes et les phonèmes en dehors de la classe avant d'essayer de s'en servir avec les élèves. De nouveaux réflexes doivent être mis en place et automatisés.

Une façon d'apprendre le Fidel consisterait à pointer sur le panneau sons/couleurs, puis sur le Fidel tous les mots des panneaux de mots, les uns après les autres. On jette un coup d'œil rapide sur le mot, puis on le pointe sur le panneau sons/couleurs. On vérifie qu'on a pointé les mêmes couleurs que celles utilisées sur le panneau de mots, puis on trouve les colonnes sur le Fidel pour construire le mot, en se servant des couleurs ici aussi pour vérifier le pointage

Quand on pointe pour la classe, il convient d'être attentif à ce que lisent les élèves à partir du pointage. S'ils disent quelque chose d'inattendu, vous avez peut-être fait une erreur de pointage.

Les panneaux de mots

L'approche Silent Way ne fonctionne pas avec un programme préétabli par un concepteur. Elle ne s'appuie pas sur des successions prédéterminées d'activités de classe, et il n'y a pas de progression linéaire prévue pour le professeur. La progression est laissée à la seule charge de l'enseignant. Donc, en tant qu'enseignante, je sélectionne, organise et présente le contenu des leçons. Cette liberté me donne la possibilité de faire en sorte que mon enseignement corresponde aux besoins avérés de mes élèves, au moment opportun. Je pars des acquis de mes élèves au jour le jour pour construire mes séances dans l'instant, pas à pas, tout au long de l'heure de cours. Je corrige les erreurs que j'entends, sachant qu'au moins une personne bénéficiera de mon feed-back pour corriger ce qu'elle a dit : la personne qui a commis l'erreur. Ainsi, le contenu de chaque cours dépend directement du niveau des élèves tel que je le constate par leurs performances dans chaque leçon. Corriger les erreurs consiste généralement en un travail sur les structures linguistiques et le vocabulaire fonctionnel, puis sur les sons, le rythme et la mélodie de la phrase en question pour finir avec une phrase qui est convenable à tous points de vue.

En fait, la progression s'établit de deux manières. D'une part, je sais ce qui est plus simple et ce qui est plus complexe, et remets à demain ce qui est trop complexe pour aujourd'hui. D'autre part, la progression est établie en fonction de ce qui se passe dans la classe, à un instant t. Elle n'est pas fixe, établie une fois pour toutes. Je m'adapte toujours à ce qui se passe, laissant les élèves explorer la langue au gré de leurs envies. Mais je dois avoir une idée très claire de ce qui constitue des progressions possibles, des pistes de travail, des « univers » à explorer.

Comme il a déjà été dit, j'ai à ma disposition douze panneaux de mots, numérotés de 1 à 9 et d'A à C.

C	B	S/C		1	2	3	4
9	A			5	6	7	8

De façon générale, je progresse de panneau en panneau, en respectant l'ordre numérique, du moins pour les neuf premiers panneaux. Mais très vite, je mets en circulation les trois panneaux A, B et C. Ces panneaux sont indépendants des neuf premiers. Ils permettent de travailler sur les jours de la semaine et les mois de l'année, avec des adverbes de temps tels que « *yesterday* », « *today* » et « *tomorrow* », et des substantifs comme « *minute* », « *hour* » et « *year* ». Ces mots permettent d'exprimer des relations temporelles et peuvent être introduits très rapidement, même avant la fin du panneau n° 1. Par exemple, dès que l'article « *the* » et le verbe « *is* » sont acquis, il devient possible d'utiliser des constructions telles que « *Today is Monday the 9th of October 2011* », en empruntant le mot « *of* » sur le panneau n° 2. Quand « *There are* » sera disponible, des phrases telles que « *There are 60 minutes in an hour* » ou « *There are seven days in a week* » deviennent faciles. De telles phrases présentent un autre avantage : il est facile de provoquer leur apparition. Une fois que les élèves comprennent une phrase ou deux dans une telle série, il suffit d'écrire au tableau « 12 », « 7 » ou « 365 » pour qu'ils trouvent une nouvelle phrase, et ils peuvent en inventer d'autres du même genre. Ils retirent de cette expérience un sentiment de puissance et de joie.

Le contenu des panneaux A, B et C fait donc partie d'une deuxième progression, permettant assez rapidement l'introduction d'une grande variété de phrases. Le travail sur ces panneaux débute pendant que le panneau n° 1 est encore en cours, et se trouve intercalé dans le travail sur les neuf premiers panneaux. Le travail sur cette deuxième progression est achevé avant que le quatrième ou cinquième panneau ne soit mis au mur.

Une troisième progression doit être prise en compte également, celle des temps verbaux. Ils doivent être travaillés de façon structurée, claire et cohérente. Ils sont construits graduellement, au fur et à mesure que les mots apparaissent sur les panneaux.

Ainsi, je travaille sur trois thèmes :

- le vocabulaire fonctionnel qui apparaît sur les panneaux 1 à 9, illustré et pratiqué mot après mot, en paires ou en groupes : « *both* » ; « *much* » et « *many* » ; « *this* », « *that* », « *these* » et « *those* » ; par exemple ;
- les relations temporelles et la numérotation des panneaux A, B et C, dont l'utilisation sera décrite aux chapitres 12 et 13 ;
- le travail continu sur les temps verbaux, décrit au chapitre 11.

Ces trois thèmes devront être tissés ensemble en un tout harmonieux. C'est mon rôle d'enseignant de décider quand une leçon particulière aura lieu. Ce n'est pas aussi difficile que l'on pourrait l'imaginer, car les mots associés à chacun de ces thèmes apparaissent sur les panneaux dans un ordre qui peut servir de guide.

Je suggère aux lecteurs qui désirent se lancer dans cette aventure de suivre cet ordre au moins une fois, puis de commencer à explorer.

La gestion de classes hétérogènes

L'enseignant lisant ce livre serait pardonné s'il se demandait de quelle manière il arriverait à gérer une classe hétérogène. En fait, il se rendra vite compte que toute classe a besoin d'hétérogénéité, car c'est dans les différences entre les élèves que l'on trouve les vitesses optimales pour la classe. Dans toute classe de vingt ou trente élèves, on trouve les « locomotives » qui saisissent l'occasion et courent avec la phrase du moment, et qui trouvent une façon de la rendre plus complexe. On trouve aussi les « lanternes rouges », qui ne comprennent pas ce qui se passe quand une locomotive prend la parole, et qui peinent à aligner trois mots dans l'ordre. Les locomotives voient immédiatement comment ajouter ceci à cela pour faire une phrase plus longue et plus intéressante. Les lanternes rouges ont besoin de regarder de près plusieurs fois chaque construction utilisée, de lui redonner une forme plus courte et plus facile à comprendre, et de la reconstruire le moment venu. Dans cette classe, je me sers des locomotives pour avancer, et des lanternes rouges pour freiner le train de la classe.

Voici un exemple. Il concerne les débutants, mais le principe reste valable à tous les niveaux. Nous sommes avec une série de phrases comme : « *The rod is red. It is on the table. It is beside the green rod.* » Les locomotives nous permettent de dire très rapidement : « *The red rod on the table is beside the green rod* » et aussi « *The rod which is beside the green rod on the table is red* » et ensuite « *The rod on the table beside the green rod is red.* »

Les lanternes rouges nous obligent à revenir aux trois phrases de base pour (re)construire, phrase par phrase : « *The rod is red. The red rod is on the table. The red rod is beside the green one. The green rod is beside the red one. The green rod is on the table. The green rod which is on the table is beside the red rod. The red rod which is on the table is beside the green rod* » et enfin « *The rod which is beside the green rod on the table is red.* » Avec ce terrain de pratique, ils auront compris. Ce long cheminement est dit à haute voix par tous les participants. C'est ce travail de mise au point nécessité par les lanternes rouges qui permet à tous les élèves de la classe de progresser en facilité et fluidité. Pendant ce travail des lanternes rouges, je mets les locomotives au défi de produire des phrases parfaites, dites avec une grande aisance, une grande fluidité.

Il existe plusieurs types de locomotives. Certains de ces élèves ont tendance à rester à la surface de la langue sans se donner les moyens de réellement la « mettre en bouche ». Ils comprennent très vite et imaginent que compréhension vaut production. Ils s'impatientent, car ils ne cherchent pas à parler. Mais quand ils sont mis au défi de produire les phrases, souvent ils constatent que ce n'est pas aussi facile que prévu. En pensée, ce qu'il faut dire est facile à imaginer. La pensée n'a pas d'inertie. Mais la langue est un muscle, et celui-ci doit être entraîné convenablement pour arriver à produire chaque nouvelle phrase correctement.

D'autres élèves locomotives sont réellement doués pour les langues. Face à eux, je demande toujours des performances de plus en plus élevées. Mon arme secrète par rapport à ces élèves est mon exigence de l'excellence. Je veux que ce que j'entends de la part des locomotives soit vraiment de l'anglais.

J'ai intérêt à donner aux locomotives un petit moment à la fin de la leçon pendant lequel elles peuvent montrer ce qu'elles ont créé pendant leurs instants de « loisir ». Même si elles sont en avance par rapport aux autres, ce n'est pas au point de rendre leur phrase incompréhensible pour les autres. Tout le monde peut profiter de ces moments pour voir comment elles arrivent à utiliser la langue avec ce qui est disponible pour tous à un moment donné. L'exemple que donnent ainsi les locomotives est une éducation et même une inspiration pour les autres membres de la classe.

Et entre les locomotives et les lanternes rouges, il y a tous les autres, une grande majorité, qui bénéficie des deux vitesses imposées par les deux extrémités de la classe, tirée vers l'avant par les locomotives, et forcée à ralentir par les lanternes rouges. C'est pourquoi les locomotives et les lanternes rouges sont si utiles dans cette classe.

Je travaille systématiquement avec la personne qui est le plus en difficulté à un instant *t*. Les autres élèves sont déjà devant, du moins pour le moment, alors que la personne qui est le plus en retard est celle qui est le plus en danger pour la phrase en cours. Je ne veux perdre aucun de mes élèves en cours de route.

Le choix des mots sur les panneaux

En regardant les panneaux de mots pour la première fois, plusieurs questions sont susceptibles de venir à l'esprit du lecteur. Tout d'abord, pourquoi ces mots-là et pas d'autres ? Pourquoi sont-ils dans cet ordre ? Pourquoi certains mots se trouvent-ils sur certains panneaux et pas ailleurs ? Que peut-on faire avec ces mots ? Et peut-être : quelles prises de conscience peut-on provoquer en les utilisant ?

Avant de poursuivre la lecture de ce texte, j'invite le lecteur à prendre un petit moment pour lister quelques phrases qu'il est possible de fabriquer avec le premier panneau de mots. Il existe des centaines, voire des milliers de combinaisons possibles. Faire ce petit travail à présent donnera une idée plus précise de ce qui motive la sélection de mots.

— o — o —

Ayant fait ce petit travail, vous avez sans doute constaté que les mots fonctionnels de la langue sont présentés. À une exception près, ces mots sont tous des pronoms, des auxiliaires, des prépositions, des adverbes, des adjectifs, etc. L'exception est le mot pour « bâtonnet » ou « réglette », en l'occurrence, en anglais, « *rod* ». Ce mot, et avec lui, l'objet qu'il désigne, aura comme rôle de nous permettre d'étudier de façon très détaillée la manière dont cette langue permet à ceux qui la parlent d'entrer en relation les uns avec les autres, de se situer dans le temps et dans l'espace, et de raconter tout simplement leur vie.

Puisqu'il est relativement facile d'apprendre le vocabulaire d'une langue une fois que la structure est en place, mais beaucoup plus difficile d'apprendre l'utilisation de ces mots fonctionnels de manière précise et claire, l'enseignant utilisant Silent Way éliminera, autant que possible, les mots de vocabulaire « de luxe » — les noms communs et les verbes les moins courants — pour concentrer l'attention de ses élèves sur les aspects de la langue qui demandent une réelle compréhension. J'utiliserai donc un seul nom, le mot « *rod* ». L'objet servira à mettre en situation nombre de relations personnelles, spatiales et temporelles de façon claire et explicite, le rôle des situations étant d'illustrer l'utilisation de la langue.

Dans les chapitres qui suivent, je décrirai comment on peut s'en servir pour construire avec les élèves un « savoir parler » la langue anglaise.

Le rôle du sommeil dans l'apprentissage et dans l'enseignement

Une partie importante de cette approche réside dans le fait que les êtres humains intègrent ce qu'ils vivent pendant leur sommeil. C'est pourquoi je ne saurai que le lendemain si une notion étudiée un jour a réellement été intégrée ou non. Les savoir-faire se construisent pendant le sommeil.

La progression en spirale de cette approche, qui veut que l'on tourne continuellement autour du point central en cercles toujours plus larges, permet de revenir sur n'importe quelle notion dans un contexte différent. Entre-temps, les élèves auront dormi. Cela veut dire que toutes les notions traitées sont retravaillées et approfondies chaque fois qu'elles réapparaissent. C'est l'un des avantages de ce genre de progression.

Placer des « mots virtuels »[1]

Quelquefois, j'ai besoin d'un mot qui ne se trouve pas sur les panneaux déjà affichés. Il existe une technique dont je peux me servir pour utiliser un tel mot avant d'afficher le panneau sur lequel il se trouve. Elle consiste à « écrire » ce mot virtuellement avec mon pointeur sur le mur, soit à sa place habituelle si le mot est sur le panneau à venir, soit juste au-dessus d'un panneau déjà en place. Je n'oublie pas de le pointer aussi sur le panneau sons/couleurs pour que la prononciation soit correcte. Ensuite, il suffira de toucher cette place sur le mur vide pour que les élèves le disent. Quand le panneau sur lequel le mot se trouve sera affiché, les élèves trouveront le mot là où ils connaissent déjà son emplacement. Par exemple, si je n'ai que deux panneaux affichés et que je souhaite utiliser « but », qui se trouve au bord gauche du panneau n° 3, je l'écris exactement là où il apparaîtra lorsque j'afficherai le panneau n° 3. De cette manière, quand le troisième panneau est en place, les élèves retrouveront « but » à sa place.

Lorsque je pointe l'endroit exact ou le mot a été écrit virtuellement, les élèves le disent avec aisance, et ce jeu marche longtemps après que le mot a été placé là. Il ne faut pas changer ces mots virtuels de place, ni se tromper de place si le mot est sur le panneau suivant. Le fait de retenir ces mots virtuellement relève de l'imagerie mentale, une faculté très développée chez les êtres humains.

----

1. Cette technique a été mentionnée très brièvement dans le chapitre sur le panneau sons/couleurs.

L'imagerie mentale est utile aussi pour les panneaux eux-mêmes. Les élèves peuvent construire une image mentale plus facilement si les panneaux restent toujours à leur place. Lorsque j'ai attribué un endroit aux panneaux et aux mots que j'ai ajoutés, je dois rester très disciplinée afin de ne pas les chercher moi-même, ni induire mes élèves en erreur.

Et plus généralement...

Tous les savoir-faire s'installent lentement au début, et celui-ci n'est pas une exception. Notre but au départ est de créer chez nos élèves une aisance, une assurance au niveau de l'anglais parlé, et cela nécessite beaucoup de pratique. Il est important d'avancer lentement au début ; il sera possible de prendre de la vitesse un peu plus tard. Les bases sont essentielles.

Avancer lentement ne veut pas dire que la leçon traîne, surtout pas. La leçon elle-même donne l'impression de passer vite, parce que les élèves sont très actifs à tout moment à l'intérieur de chaque univers exploré. Cependant, je ne passe pas rapidement d'un univers à un autre, et après avoir changé d'univers, je reviens vers ceux qui sont déjà travaillés afin de les lier tous entre eux, dans le but de créer un tout cohérent, de plus en plus dense.

Il n'est pas facile de juger de la bonne vitesse pour une classe donnée. C'est un domaine où tous les enseignants ont du mal, mêmes les plus chevronnés, mais les erreurs ne sont pas si graves. L'erreur d'aujourd'hui sera révélée demain quand les élèves auront des difficultés inattendues avec un univers apparemment bien travaillé hier. Cet univers devra être retouché et même refait, et je noterai pour la prochaine fois qu'il aurait fallu lui consacrer plus de temps.

Le silence de l'enseignant, sa volonté de ne pas enseigner mais d'accompagner ses élèves dans leur apprentissage, fait qu'il ne se trouvera jamais loin devant sa classe. C'est elle qui régente sa vitesse, pas lui.

Enseigner est une science empirique. On avance par tâtonnements et on se laisse guider par l'apprentissage des élèves. C'est le sens de l'expression de Caleb Gattegno, « Subordonner l'enseignement à l'apprentissage », le sous-titre de tout son travail en éducation.

CHAPITRE 7

Le premier panneau de mots

Voici le premier panneau de mots pour la langue anglaise. Nous allons voir comment il est construit et comment s'en servir. Il sera affiché à la place qu'il occupera définitivement jusqu'à la fin du cours ou de l'année.

```
a rod ~s ~s blue brown
green red yellow black
take colour not give 's
 and as it to this 's
his two white here too
orange the is her them
  these do other that -
an the one are he me
put end him back there
```

Panneau de mots n° 1 [1]

Comment démarrer : les réglettes et les couleurs

Puisque nous allons beaucoup parler de réglettes au début de ce cours, c'est avec elles qu'il faut commencer. Je vais donc montrer à mes élèves ce que sont les réglettes. J'en prends une bleue et la montre, je pointe les

1. Word Chart 1 of the Silent Way language program © Educational Worldwide Solutions Inc., 2011. All right reserved.

deux mots «*a rod*» sur le premier panneau de mots et j'invite les élèves à les dire. Ensuite, je montre une réglette jaune et je pointe : «*a rod*». Je fais de même avec une réglette verte, une rouge, une noire, une brune, etc.

Mes élèves peuvent en déduire qu'«*a rod*» désigne l'objet que je leur montre, quelle que soit sa couleur. Il arrive un moment où j'entends à la voix de la plupart des élèves que les choses sont claires ; ils savent que, quelle que soit la couleur de la réglette, ils pourront dire «*a rod*», et sont à l'aise avec cette idée. Je n'ai pas besoin que tout le monde comprenne, seulement la majorité des élèves. Les autres savent que c'est compréhensible, et nous avons du temps.

À présent, je passe mon doigt le long d'une réglette bleue comme pour la caresser. Si mon geste est bien fait, je vois dans les yeux de mes élèves qu'ils comprennent que, maintenant, nous allons parler de la couleur. Je pointe «*a blue rod*» et ils le disent, comprenant ce qu'ils disent : «*a rod*», c'est l'objet, et «*blue*», c'est la couleur. Cette hypothèse se confirmera quand je leur ferai nommer toutes les couleurs, toujours dans ce même contexte, et toujours en montrant la réglette appropriée.

Je fais le même geste avec une réglette rouge, mais je ne vais pointer que le mot «*red*». Ils en déduiront le sens de ce mot et où il faut placer ce mot dans la phrase. Bien sûr, quelques personnes peuvent douter du sens quelques instants, mais quand elles auront vu toutes les couleurs nommées de cette façon — *orange*, *blue*, *brown*, *black*, *green*, *yellow*, *red* et *white* — elles sauront quel concept est en jeu.

Cette situation communicative se produit souvent avec cette approche. Lorsque la classe travaille une phrase, son sens est déjà compris quand le mot arrive. Une fois que mes élèves savent de quoi on va parler, je leur montre comment le dire. Ce n'est pas la langue qui est source de communication, mais la situation. Les élèves savent par mon geste quelle idée sera mise en mots. L'avantage est que mes élèves savent implicitement que nous visons à construire la langue telle qu'elle est utilisée par des anglophones, et non à communiquer en se servant d'une langue approximative.

Je pose ensuite une à une des réglettes sur la table et les élèves les nomment au fur et à mesure. Je change l'ordre des réglettes, et commence à prendre de la vitesse. Je peux accélérer parce que mes élèves sont de plus en plus à l'aise. Au départ, mes élèves vont dire : «*a... euh, red..., euh, rod*», mais au bout de quelques minutes, la phrase deviendra de plus en plus facile, plus fluide. Je modifie la vitesse à laquelle je touche les réglettes en fonction de ce que mes élèves arrivent à faire. Au bout de quatre ou cinq minutes, ils auront décrit la ligne de réglettes une dizaine de fois ou plus.

Dès qu'ils sont à l'aise, nous poursuivons.

Je pose deux réglettes sur la table, une jaune et une bleue, puis je montre l'une des deux réglettes pour que les élèves disent «*a yellow rod*». Je fais signe d'arrêter et je pointe «*and*» sur le panneau pour qu'ils disent «*a yellow rod and...*». Je montre la réglette bleue pour qu'ils disent «*a blue...*». Je fais signe d'arrêter et j'indique que le mot à dire à la fin est «*one*» : «*A yellow rod and a blue one*».

Quand je suis sûre que mes élèves peuvent dire cela en décrivant différentes combinaisons de couleurs, je commence à augmenter le nombre de réglettes. Nous terminons par une phrase qui comporte toutes les réglettes, donc toutes les couleurs — «*a yellow rod, a red one, a blue one, a pink one, etc., and a white one*». Quand tous mes élèves sont à l'aise avec les réglettes et leurs couleurs, je peux passer à autre chose. La séance a duré entre vingt et trente minutes, et les élèves ont parlé sans arrêt. Je n'ai pas eu un seul mot à dire.

Le pluriel

Il suffit de prendre deux réglettes de la même couleur pour se lancer dans l'étude du pluriel. Je prends deux réglettes bleues et je pointe «*two blue rods*» en touchant le «-s» pourpre à côté du mot «*rod*» sur le panneau. Les élèves comprennent très facilement de quoi il s'agit. Je fais travailler cette expression avec quelques exemples: «*two red rods*», «*two green rods*» avant d'introduire des groupes de plus en plus grands de réglettes pour provoquer des phrases de plus en plus longues: «*two red rods and two blue ones*».

L'introduction du mot «*one*» au pluriel, «*ones*», cause souvent de l'étonnement chez ceux qui maîtrisent un peu l'anglais. Mais non, ce n'est pas le chiffre 1, mais le pronom «*one*» et comme beaucoup de pronoms, il peut être au pluriel. (Attention: je ne dis pas tout cela. L'idée reste implicite.) Si j'ai déjà introduit la numération, je force cette prise de conscience de la différence entre les deux mots «*one*» de la manière suivante. En montrant des réglettes, je fais dire par toute la classe, puis pointer par un élève, une phrase comme «*two red rods and one blue one*». Presque toujours, l'élève qui pointe sélectionne le mot «*one*» sur le premier panneau les deux fois. En me servant du geste de balancement, j'annonce (sans mots) que c'est juste, mais qu'on peut faire mieux… Je tends le pointeur vers la classe pour demander: «*Quelqu'un peut-il le pointer d'une autre manière?*» Mes élèves cherchent une autre façon de le pointer, et le plus souvent quelqu'un trouve le mot «*one*» sur le panneau de la numération. Toutefois il ne sait pas encore lequel des deux «*one*» dont il dispose occupe une place dans la phrase et lequel occupe l'autre. Quelques essais permettent d'arriver à la bonne solution: le premier «*one*» est pointé sur le panneau de la numération, car c'est le chiffre, alors que le second est pointé sur le premier panneau de mots, car il s'agit du pronom. Ainsi, à partir de cet instant, le pronom sera pointé sur le premier panneau et le chiffre sur celui de la numération. C'est une distinction intéressante à maintenir tout au long de l'année.

Si, quand les pluriels sont introduits, les élèves n'ont pas encore travaillé sur la numération, il n'est pas possible d'introduire cette distinction. Elle viendra plus tard quand ce sera possible.

Une fois le problème de « *one* » résolu, nous pouvons nous lancer dans de longues chaînes. « *One red rod, two blue ones, one yellow one, one pink one, two brown ones*, etc. ». De telles chaînes permettent de beaucoup s'exercer.

L'univers « *take a rod* »

Pour travailler sur cet univers « *take a rod* », je pointe la phrase sur le panneau sons/couleurs et je la fais dire à toute la classe. Je voudrais qu'ils puissent la dire avec aisance. Si aucune difficulté ne surgit, je fais venir deux élèves A et B près de la table. Je m'adresse à l'élève A et pointe « *take a blue rod* » afin qu'il le dise à l'élève B tout en le regardant (cet ordre n'a de sens que si les élèves se regardent). Si nécessaire, je peux les aider à comprendre en prenant la main de l'élève B pour le guider au-dessus de la boîte et je ferme doucement ses doigts, sans toutefois les fermer autour d'une réglette, l'incitant ainsi à en prendre une. Il sait ce que signifie « une réglette bleue », donc je n'ai pas à l'aider pour cette partie du contenu de la phrase. La seule partie qu'il ne connaît pas est « *take* ». Je veille à ce que toute la classe voie clairement ce qui se passe. Il peut être nécessaire de faire répéter l'acte avec les paroles plusieurs fois jusqu'à ce que toute la classe ait bien vu la situation.

Quand l'acte et le langage qui le décrit me satisfont, je fais asseoir les deux élèves et je recommence avec deux autres. Ensuite, je fais circuler une boîte de réglettes. Les élèves prennent la boîte les uns après les autres et disent la phrase à un voisin qui doit exécuter l'ordre. C'est parce que tout le monde voit cet ordre exécuté que je sais que tout le monde peut comprendre de quoi il s'agit. Je patiente, car il arrive très souvent qu'un élève se rende compte qu'il peut faire une farce à un autre, par une phrase du type « *Take a green rod, two red ones, two yellow ones, a blue one, two black ones and two pink ones* ». Son but est de tester son interlocuteur. Il réussit à gagner toute l'attention de la classe, car tout le monde voit immédiatement le potentiel de cette aventure. Ceux qui sont le plus à l'aise embraient : les phrases deviennent de plus en plus longues, et les élèves sont très vigilants quant à l'exactitude de la phrase et à l'exécution de l'ordre donné par l'élève. La moindre erreur est signalée immédiatement par tous ceux qui l'entendent. Mon rôle à présent est de veiller à l'exactitude des propos.

Une fois qu'ils prononcent aisément ces phrases, nous pouvons approfondir. Je pointe quelques mots sur le panneau sons/couleurs : « *him* », « *her* », « *me* », « *them* » et « *it* », nous passons un petit moment à travailler pour qu'ils les disent avec une certaine aisance musculaire, puis je peux rajouter « *give it to him* », etc. Je demande à trois élèves de venir devant le groupe. Je donne la boîte à l'un des trois, je pointe sur le panneau de mots « *Take a blue rod and give it to him* » en indiquant qu'il faut le dire au deuxième, qui donnera une réglette au troisième, un garçon. C'est ce dernier qui va recevoir la réglette.

Quand les trois élèves peuvent tous fonctionner correctement avec cette phrase, et que je suis sûre que toute la classe a bien vu, je les fais s'asseoir, et je donne la boîte de réglettes à un garçon dans la classe, de préférence assis dans un groupe de garçons. Chaque élève doit faire prendre une réglette à son voisin, qui doit exécuter l'ordre et donner sa réglette. Rapidement, nous tombons sur une fille qui va recevoir une réglette. Je signale immédiatement de tout arrêter et je donne la phrase « *give it to her* ». Ce changement de « *him* » à « *her* » permet aux élèves de comprendre que «*him*» indique que celui qui a reçu la réglette avant était un garçon.

Un élève plus aventureux essayera rapidement la même phrase au pluriel en disant «*Take two blue rods and give it to him*». Je fais arrêter l'explorateur et lui donne «*Give them to him*», ce qui lui permet de savoir que le mot «*it*» concernait une réglette et que «*them*» est nécessaire pour deux. De fil en aiguille, en tombant sur des problèmes de destinataire(s) ou de nombre de réglettes, nous aurons travaillé «*take a blue rod, and give it to him*», «*give them to her*», «*give it to them*»; «*give it to me*» «*give them to them*», etc. Toutes les combinaisons auront été passées en revue.

La dernière phrase de cette liste nous donnera l'occasion de travailler sur le «schwa», car les deux «*them*» ne se prononcent pas de la même manière. Le deuxième sera prononcé avec une voyelle pleine et non un «schwa».

and **give** them to **them**

.   /   .   .   /

(Les mots en **gras** sont accentués.)

Cette phrase est idéale pour ce genre de travail.

Dans tous les cas, j'oblige l'élève qui parle à regarder la personne à qui il donne l'ordre et simultanément à pointer du doigt l'élève garçon que représente «*him*» ou l'élève fille qui est «*her*». Pour «*give it to them*», je fais de même, à l'exception près qu'il faut que l'élève qui parle pointe du doigt un groupe de personnes composé de filles, de garçons ou bien des deux.

L'univers « *a* » et « *the* »

L'univers « *a* » et « *the* » peut être présenté de la manière suivante : je place une dizaine de réglettes de deux ou trois couleurs différentes dans le couvercle de la boîte, puis je demande à deux élèves de venir devant. J'indique qu'il ne faut prendre qu'une réglette à la fois. Puis je montre ce qu'il faut dire : « *Take a red rod.* » Or, tant qu'il y a au moins deux réglettes d'une même couleur dans le couvercle, l'élève devra dire « *take a blue rod* » ou « *take a red rod* ». Dès qu'il n'y a plus qu'une réglette d'une couleur particulière, il faudra dire « *Take the blue rod* ». Surprise ! Nous travaillons cela plusieurs fois avec les deux élèves, qui finiront par comprendre comment choisir entre les deux mots. Ensuite, la boîte passe dans la classe et tout le monde essaie.

Pour vérifier qu'ils ont bien compris, je pourrais utiliser une autre situation. Je dispose sur la table une réglette orange, trois rouges, une jaune, quatre blanches, une bleue, deux noires et une marron. Leur tâche consiste à en enlever une à la fois, et ils doivent dire « *take a red rod* », « *take the yellow rod* », « *take a white rod* », « *take the blue rod* », etc., en modifiant la phrase quand cela devient nécessaire...

D'autres cas à peine plus complexes avec trois réglettes bleues, deux rouges et quatre blanches donneraient : « *take two blue rods and the two red ones* », puis « *take a blue rod and a white one ; give one to me* ».

L'univers de « *other* », « *another* » et « *the other* »

Une extension de cet univers de « *a* » et « *the* » consiste à utiliser « *another* » et « *the other* ». Je mets trois réglettes bleues dans le couvercle de la boîte et demande à un élève de faire ce que je vais pointer. Je pointe « *Take a blue rod* ». Il n'y a plus que deux réglettes dans la boîte. Je pointe « *Take another one* » et il le fait. La troisième fois, il ne reste plus qu'une réglette dans la boîte et je pointe « *Take the other one* ». Quelquefois, il faut refaire cette série deux ou trois fois pour que les élèves saisissent les mots qui accompagnent chaque étape. Cela est un tout petit univers, mais les prises de conscience sont très utiles pour la suite.

Voici une autre situation possible pour travailler l'univers de « *another* », une fois que les élèves connaissent le sens de ces mots. Je dispose de nombreuses réglettes d'une même couleur dans le couvercle de la boîte de réglettes, puis je pointe « *take a rod* ». Quelqu'un s'exécute. « *Take another one* ». Il s'exécute. « *Take another two* », « *take another six* », etc. Vers la fin, lorsqu'il ne reste presque plus de réglettes, je pointe « *take the other ones* » (s'il en reste quelques-unes) ; « *take the other five* » (s'il en reste cinq) ; « *take the other one* » (s'il en reste une). La boîte circule et les élèves s'exercent.

Je dispose côte à côte des réglettes variées : quatre jaunes, trois marron, six rouges, deux jaunes, une rose, quatre rouges et une blanche, pour amener les élèves à dire « *four yellow rods, three brown ones, six red ones, another two yellow ones, one pink one, another four red ones, and one white one* ».

Je peux, ou les élèves peuvent, changer la disposition et le nombre de réglettes autant de fois que nécessaire et s'amuser à décrire ce qu'ils voient. Tous ces exercices sont l'occasion de travailler sur la rapidité, la fluidité, l'aisance de parole.

L'univers de « *put* »

Le plus souvent, j'introduis « *put* » avec « *here* » et « *there* » : « *Take a blue rod and put it there* » ; « *Take a blue rod and put it here.* » J'exige toujours que les élèves produisent la phrase et effectuent l'action.

Il est également intéressant de varier le nombre de réglettes afin d'introduire le pluriel : « *Take two blue rods and put them here* », « *Take two blue rods and put them there* », « *Take two blue rods and put one here and one there* » et « *... and give them to them* ». Avec cette dernière phrase, je peux travailler de nouveau sur la prononciation des deux « *them* ». Le premier est dit avec un « schwa », alors que le second sera prononcé avec une voyelle pleine et non un « schwa ». Quand je montre le premier des deux « *them* » dans la phrase « *and give them to them* », je touche le point jaune sous le mot. Pour le second, je montre non pas le point, mais le mot « *them* » qui se dit avec un /e/ bleu.

Je travaille également sur le rythme de la langue anglaise avec cette phrase, car elle donne aux élèves un aperçu de la manière dont les anglophones varient la prononciation des mots en fonction du sens de la phrase.

L'univers de « *this* » et « *that* » (suivi de « *these* » un autre jour)

Un autre univers qui se présente à ce stade est celui de « *this* » et « *that* ». Dans un premier temps, je vais travailler avec la phrase « *This rod's blue* ». (Au début d'une démonstration, je choisis toujours une couleur facile, mais quelques minutes plus tard, quand mes élèves sont en train de s'exercer, j'opte pour des couleurs et des combinaisons plus difficiles.) Je donne une réglette bleue à quelqu'un et je pointe « *this* » « *rod* » « *'s* » pour l'amener à dire « *this rod's blue* ». Je prends la main de la personne en question et étends son index pour qu'il montre la réglette afin d'indiquer qu'il s'agit bien de cette réglette-ci. C'est le sens premier de « *this* ».

Je choisis de montrer la phrase contractée en premier pour que les élèves intègrent la contraction d'emblée. Quand nous arriverons à la question, ils découvriront que « *'s* » est en fait « *is* ». Je distribue une réglette à tous les élèves dans la classe et chacun dit la phrase qui est correcte pour lui. Il n'est pas permis de dire «*this rod's red*» en montrant une réglette bleue, bien évidemment. Tout le monde s'exerce. Chacun est invité à montrer avec un doigt pointé de quelle réglette il s'agit, celle que chacun tient à la main.

Quand il n'y a plus de doute sur le sens de cette phrase, ce qui s'entend dans la voix et se voit sur les visages, et que tous les élèves ont atteint un certain degré d'aisance pour la dire, je fais montrer la réglette bleue d'un autre élève un peu plus loin et pointe le mot «*that*». Les élèves peuvent trouver seuls «*That rod's blue*». Je montre par le panneau sons/couleurs, ou par des gestes comment il faut prononcer les mots «*this*» et «*that*».

Je poursuis en montrant les deux réglettes l'une après l'autre afin d'inciter les élèves à dire des phrases telles que «*This rod's yellow. That rod's green*», et immédiatement «*This rod's yellow and that one's green*», suivi de «*That rod's green and this one's red*». Il est toujours utile d'avoir plusieurs phrases semblables en circulation en même temps, car ce sont ces différences qui permettent aux élèves de mieux comprendre les petites variantes de sens.

Il y a toutes les chances pour qu'il soit nécessaire d'introduire «*This rod's yellow. That one is too*». C'est le cas quand un élève tombe sur la même couleur que la sienne.

Je laisse les pluriels «*These rods are blue*» and «*Those rods are red*» de côté pour un autre jour, quand le panneau n° 2 sera à disposition.

Il est probable que, l'attention des élèves étant portée sur les mots à dire, ils ne pensent plus à la prononciation et au rythme. Ils doivent en effet faire face à de nombreux paramètres en même temps. Une fois qu'ils savent quels mots utiliser et leur ordre, mon rôle est de faire en sorte qu'ils pensent aux autres aspects de la phrase. Quand ils ont dit la phrase en cours plusieurs fois et je sais qu'ils sont sûrs des mots, je fais porter leur attention sur ces autres paramètres pour qu'ils soient à même de produire ces phrases naturellement, en respectant la prononciation et le rythme de la langue anglaise.

Les deux formes « *is* » et « *are* » ont été introduites ici sous la forme de mots de vocabulaire.

Pour finir avec cet univers, je vais montrer aux élèves des situations un peu plus complexes. « *This rod* » peut être celle qui est là-bas sur le placard, si « *that rod* » est celle qui se trouve encore plus loin dans le couloir. Le sens de ces mots est relatif.

Quelques jours plus tard, j'introduis « *these* ». Il est possible d'ajouter « *those* » qui se trouve sur le panneau n° 2, ou attendre que ce panneau soit affiché pour revenir en arrière revoir toute la série, y compris « *those* » qui vient donc d'être affiché. Il est déconseillé de travailler les quatre mots le même jour. Rien de tel pour créer de la confusion !

L'univers de « *back* »

C'est un tout petit univers, mais qui donne lieu à une bonne heure de travail, car il me permet de revenir sur un univers déjà connu dans une situation plus complexe. Je place la boîte dans un endroit inhabituel et difficile d'accès. Je choisis une grande réglette et retourne devant la classe. Tout le monde voit qu'il n'y a qu'une seule réglette en circulation. Chaque élève doit demander la réglette en disant : « *Give it to me* ». Rapidement, quelqu'un va la demander une deuxième fois, et j'interviens tout de suite pour indiquer que cette fois-ci, il lui faut dire : « *Give it back to me* ». Au troisième passage, il faudra dire : « *Give it back to me again* ». Les élèves passent la réglette les uns aux autres en respectant les trois formes : « *Give it to me* » la première fois qu'une personne la demande, « *Give it back to me* » la deuxième fois et « *Give it back to me again* » la troisième. Il faut beaucoup de temps pour que toute la classe comprenne de quoi il s'agit. Mais au bout de quelques minutes, ce sont les élèves qui se corrigent les uns les autres. Ils se rappellent mieux que moi, qui ai déjà eu la réglette et combien de fois la réglette est passée entre les mains de chacun.

Quand la situation devient trop complexe, je lance la réglette loin dans un coin, ajoutant un soupçon de théâtralité pour être sûre que tout le monde a bien vu. J'en prends une autre, et le jeu peut recommencer, car personne n'a eu cette nouvelle réglette.

Il est intéressant de réintroduire l'univers de « *put* », « *here* » et « *there* » qui a été exposé plus haut, cette fois-ci avec « *back* », « *Put it here. Put it back there* », et de leur faire dire « *Give it to him. Give it to her. Give it back to him* ».

Ainsi, ces univers qui ont été présentés séparément se fondent ensemble à présent pour ne faire plus qu'un.

L'univers de « *there* » /ðə/ et « *there* » /ðɛə/

Dans la continuité, il est intéressant de travailler l'univers de « *there* » et ses deux sens et deux prononciations possibles.

Je commence avec « *The green rod's here, and the red one's there* ». Je pose les deux réglettes en question quelque part dans la classe, loin l'une de l'autre, ce qui implique que pour les uns, « *the red rod is here* », alors que pour les autres, elle est « *there* » et *vice versa*. Comme pour « *this* » et « *that* », ces deux mots sont relatifs. Une fois cette notion comprise, nous pouvons compliquer la situation en introduisant les deux « *there* » dans une phrase.

Je pourrais commencer avec « *There's a blue rod on the table* » par exemple, avant de mettre ensemble les deux « *there* ». Puis je pose une réglette bleue à un bout de la table et une rouge à l'autre extrémité. Je pointe les mots afin de les amener à dire : « *There's a blue rod there and a red one here* » ou le contraire pour les élèves qui sont assis de l'autre côté de la salle. Je fais travailler la prononciation des deux « *there* » : le premier se prononce /ðə/ (le point jaune), alors que le second se prononce /ðɛə/ (bleu et jaune).

L'univers du mot « *end* »

Il est facile d'introduire le mot « *end* ». Je dispose deux réglettes bout à bout, j'indique en montrant les bouts que c'est de ceci que nous allons parler et j'invite les élèves à dire : « *The rods are end to end.* » Quand, dans quelques leçons, nous arriverons à des phrases du type « *The rods are side by side* », je reviendrai sur cette phrase, pour qu'elle puisse être comparée aux autres.

Des questions ? Pas de questions

Comme le lecteur l'aura remarqué, le premier panneau ne permet pas encore aux élèves de poser des questions. Il faut attendre le deuxième panneau de mots pour cela. Seules quelques questions sont possibles, comme « *Is this rod blue?* », avec comme réponse : « *It is.* »

Sur ce premier panneau, je travaille avec cinquante mots, pas plus, un petit nombre que mes élèves utilisent de nombreuses fois, ce qui offre d'innombrables possibilités pour assurer une compréhension précise des situations et du langage qui sert à les décrire, une bonne prononciation et un bon ressenti des structures typiques de la langue.

L'économie dans l'apprentissage : « faire beaucoup avec peu »

L'un des principes fondamentaux de cette approche est de produire beaucoup de langage avec peu de mots ; de travailler d'une façon qui rentabilise chaque minute du cours et, en même temps, minimalise le poids de l'apprentissage par cœur pour les élèves. Ce chapitre montre comment Caleb Gattegno proposait concrètement de mettre en pratique ce principe. Les chapitres suivants l'illustrent également.

CHAPITRE 8

Le deuxième panneau de mots

J'affiche le deuxième panneau d'anglais à droite du premier, aussi près que possible, laissant toutefois les bords blancs visibles. Le premier doit rester à sa place. Il est préférable de ne pas retirer, ni même de déplacer les panneaux une fois qu'ils sont affichés.

```
which your my so get
have many has mine 've
our light I their how
name out dark you we
did what she same for
different in of am none
us got those both yet
with on if had be no
yes does let don't they
```

Panneau de mots n° 2[1]

Le deuxième panneau de mots nous lance davantage dans l'étude des temps verbaux. En effet, on y trouve «*get*» et «*got*»; «*have*», «*has*» «*'ve*»; «*does*» et «*don't*» au présent; «*had*» et «*did*» au passé; ainsi que «*be*» et «*am*». On voit également quelques autres verbes tels que «*name*» et «*let*». Commençons donc par les mots qui demanderont le plus de travail pour arriver à une bonne compréhension: «*get*» et «*got*».

---

1. Word Chart 2 of the Silent Way language program © Educational Worldwide Solutions Inc., 2011. All right reserved.

Introduction de l'univers d'«*I've got a rod*» et d'«*I have a rod*»...

J'introduis la forme avec «*get*» en premier. Je donne une réglette à chaque élève. Tout le monde peut alors dire «*I've got a rod*». Nous poursuivons avec «*he's got a rod*», «*she*», puis «*we*», «*you*», etc. Cependant, les phrases sont introduites en fonction des situations, et non pour «enseigner la conjugaison».

Une fois qu'«*I've got a rod*» est acquis, on peut lancer l'alternative «*I have a rod*», mais il faut se méfier, car les élèves peuvent perdre «*I've got a rod*» très rapidement si l'on n'attend pas assez longtemps avant d'introduire l'autre possibilité, plus proche du français et donc très séduisante. Il vaut mieux rester avec la construction «*I've got...*» pendant quelques jours, jusqu'à ce qu'elle soit bien installée.

Ensuite seulement, je continue avec «*I have*», «*Do you have...?*», mais aussi «*she has*», puis «*Does she have...?*», suivi d'«*I had a rod*» et «*Did you have a rod?*». Je donne les réglettes et amène les élèves à en parler et à se poser des questions : «*I have*», «*Do you have...?*». Puis je récupère les réglettes et demande aux élèves d'en parler de nouveau, ce qui introduit «*I had*», «*he had*», etc., et un peu plus tard, «*Did you have...?*», etc.

Il est possible d'introduire le négatif avec des phrases comme : «*Do you have a rod? – No I don't. Do you? – Yes I do.*» ; «*Have you got a red rod? No I haven't, I've got a blue one.*» J'introduis «*n't*» en utilisant la fin du mot «*don't*».

La construction «*Do you have...*» est très utile, car elle me permet d'associer «*Yes, I do*» à la question «*Do you have...?*», ainsi que «*Yes, I have*» à la question alternative «*Have you got...?*» Cette distinction doit être installée rapidement et maintenue. Je suis très stricte sur l'exactitude des réponses afin d'éviter plus tard des erreurs du type

© Eyrolles

« *May I go? — Yes, you will* » ou « *Will I? — Yes, you do* ». Je fais prendre conscience systématiquement que la structure de la question conditionne précisément celle de la réponse.

Je n'oublie pas de montrer également le rythme de ces questions en pointant les points jaunes des mots « *do* » /də/ et « *you* » /jə/, puis « *have* », qui a une prononciation non réduite /hæv/ — c'est-à-dire que la voyelle ne sera pas prononcée comme l'implique le point jaune collé situé en dessous, mais en fonction de la couleur de la lettre — a. Une fois que « *Do you have* » est en place, je peux introduire « *Have you got...* » et sa réponse « *Yes, I have* » avec les formes fortes et faibles appropriées.

... mais pas encore d'« *I take* »

Avec « *take* » sur le panneau n° 1 et « *I* » sur le panneau n° 2, on pourrait être tenté de travailler « *I take* », mais cela n'est pas possible avant quelques semaines. D'autres mots sont en effet indispensables pour l'introduire. Pour employer « *I take* », il faut les adverbes de temps comme « *always* », « *never* », qui sont sur le panneau n° 9, ou encore « *often* », qui se trouve sur le panneau n° 8. « *I put...* », « *I give...* », « *I do...* » et « *I get...* » sont les formes conjuguées de verbes déclenchés au présent par les adverbes de fréquence. Tant que ceux-ci ne sont pas disponibles, il est recommandé de ne pas ouvrir l'univers « *I take* ». En revanche, « *I have* » n'est pas déclenché de la même manière ; il peut donc être introduit rapidement.

« *What's your name?* »

Cette phrase est très facile à contextualiser, puisque la réponse utilise les prénoms des élèves, et ceux-ci doivent vraisemblablement déjà les connaître.

« *Let* »

Une fois n'est pas coutume, j'introduis ce mot en le disant. Je commence la plupart des leçons par « *Let's begin* ». Souvent, après quelques jours, quelqu'un le remarque et cherche à le dire. Si le panneau n° 2 est affiché, je montre « *Let's...* ». Le mot « *begin* » sera montré sur le panneau sons/couleurs ou sur le Fidel.

Cette phrase est intéressante, car elle permet aux élèves de se rendre compte que le « *'s* » peut représenter « *us* » également. Décidément il sert à beaucoup de choses !

« *Be* »

Je préfère laisser ce mot pour plus tard, quand il sera possible de mieux le contextualiser.

Le mot « *what* »

Le mot « *what* » permet de réutiliser certaines des formes déjà étudiées dans d'autres questions telles que « *What colour rod do you have in your hand? — I have a red one* ».

On peut s'en servir également avec « *What's your name? My name's Fred* ». Mais il serait peut-être plus utile d'attendre, avant d'introduire cela, d'avoir à disposition les adjectifs possessifs qui permettront l'introduction de situations un peu plus complexes.

L'univers de « *How many?* »

L'univers de « *How many...?* » suit naturellement celui des temps verbaux. Avec « *How many?* », deux questions doivent être travaillées :

« *How many rods do you have?* » ou alors « *How many rods have you got?* », même si cette alternative a une signification identique. Il est également possible d'utiliser « *How many red rods are there on the table?* »

Les adjectifs possessifs

Je commence avec le mot « *my* ». Je donne une réglette à chaque élève. Je montre ma réglette d'un geste qui indique l'appartenance, et pointe la phrase « *My rod's blue* ». J'invite les élèves à faire de même. Je peux reprendre toutes les réglettes et recommencer avec d'autres, même plusieurs fois. Une fois que tout le monde est à l'aise avec cette phrase, il est naturel de passer à « *His rod's green* » et « *Her rod's yellow* ».

Pour le mot « *your* », je donne à chacun une réglette. Je demande à deux élèves de venir devant et fais dire à l'un « *Your rod's light green and my rod's red* », ce à quoi l'autre élève répond « *Yes, my rod's light green and your rod's red* ».

Une autre variante serait de les faire parler de la couleur de la réglette de quelqu'un d'autre, en se servant de son nom : « *Anne's rod's black* » ou « *Anne's is black.* »

Pour introduire « *we* » et « *our* », je distribue des réglettes un peu partout dans la classe avec cependant une majorité de réglettes jaunes ; je peux donc organiser l'introduction de « *we* ». Chacun dit la couleur de sa réglette. On trouve rapidement deux personnes qui disent successivement : « *I have a yellow rod.* » Je lie les deux avec « *too* », ce qui donne « *I have a yellow rod too* ». De là, très rapidement les élèves vont s'apercevoir que « *We have a yellow rod* » est tout à fait à propos, tout comme « *We both have yellow rods* ». De cette façon, le mot « *we* » vient très naturellement.

Pour présenter « *our* » au singulier, on s'assure que les deux élèves partagent une réglette noire en la tenant chacun par un bout, afin qu'ils puissent dire « *Our rod's black* » ou « *Our rod is black* ».

L'utilisation du mot « *our* » peut poser problème au pluriel si l'on n'est pas très clair, car on peut vite tomber dans l'ambiguïté. Il est possible de construire deux situations différentes : soit nous sommes deux personnes qui partagent deux réglettes rouges : « *Our rods are red* » ; soit nous avons chacun plusieurs réglettes rouges : « *Our rods are red.* » Les deux situations sont à travailler, en contraste avec la situation précédente au singulier.

Les pronoms possessifs

Pour introduire les pronoms possessifs, il est utile de créer un sentiment de gêne en raison de l'omniprésence du mot « *rod* ». Après tout, c'est bien pour cette raison que les langues contiennent les pronoms ! Ces pronoms sont très faciles à construire, car il suffit, dans la grande majorité des cas, d'ajouter un « s » à l'adjectif possessif pour retrouver le pronom. L'exception est « *mine* ».

Imaginons un long travail sur les adjectifs possessifs qui peut se terminer quand la classe est à l'aise avec ces constructions. Le lendemain, je relance le même travail, et assez rapidement, je dis « *rod, rod, rod, rod…* » et j'indique par des gestes qu'« *il y en a assez de ce mot !* »

Je fais venir deux élèves que j'invite à dire : « *My rod's red, your rod's green.* » Je fais placer les mots sur mes doigts et, en baissant le doigt qui correspond au second « *rod* », j'indique que nous allons éliminer ce mot « *rod* » de la phrase. On finit avec « *My rod's red, yours is green* » et l'inverse, « *Your rod's green, mine's red* ».

Les élèves comprennent très facilement ce changement, qui est ensuite étendu à tous les autres pronoms possessifs. J'indique pour les autres pronoms qu'ils peuvent les deviner eux-mêmes, ce qu'ils font en effet.

Le mot « *none* »

Pour introduire « *none* », je prends le couvercle de la boîte de réglettes et y place quelques réglettes, dont l'une est orange. Puis j'amène les élèves à dire : « *One of these rods is orange.* » Je fais varier le nombre et la couleur des réglettes afin de leur faire construire d'autres phrases telles que « *Two of these rods are orange* » ou « *One of these rods is black* ». Je peux ensuite retirer toutes les réglettes orange et pointer « *None of these rods is orange* ». Un travail sur la prononciation peut s'avérer très utile, étant donné la proximité des mots « *none* » et « *no* » sur le panneau n° 2, sans parler de la difficulté de prononciation d'un mot comme « *orange* » pour les francophones ! La voyelle de « *no* » a deux couleurs, c'est un son bien enroulé, contrairement à la couleur jaune pâle de la voyelle de « *none* » qui donne un son plus bref. Le mot « *not* » sur le panneau n° 1 ajoute une troisième prononciation pour la voyelle — o.

Le mot « *none* » peut également servir de réponse à « *How many rods do you have? — I have none.* » Nous aurons l'occasion de revisiter ce mot plus loin, quand nous travaillerons sur « *any* » — « *How many rods do you have? — I don't have any* ».

La prononciation de « *they* », « *there* », et « *they're* »

Un travail sur la prononciation de « *they* », « *there* », et « *they're* » s'impose.

Remarquez la position de « *they* » sur le panneau de mots n° 2, et de « *there* » sur le n° 1. Il y a fréquemment confusion entre « *they* » et «*there*» et c'est pour cette raison qu'ils ont été placés tous les deux en bas à droite, du panneau n° 1 pour «*there*» et du panneau n° 2 pour «*they*». Le but est de bien mettre en évidence qu'il faut faire un choix entre ces deux mots tant au niveau du sens que de la prononciation. Il existe une difficulté phonétique entre «*they are*» (/ðei ə/) et «*There are*» (/ðərə/). Un travail est nécessaire pour percevoir et produire correctement la différence dans des phrases telles que : «*There are three rods on the table*» et «*They are blue*».

Il est intéressant d'associer «*there*» du panneau n° 1 avec «*they're*» et «*their*» du panneau n° 2 pour faire prendre conscience aux élèves de leur prononciation selon les différents sens de ces mots. «***There are three rods there***», «***They are** blue*», «*These rods are blue.* ***They are their** rods*». C'est une excellente opportunité pour un travail soutenu sur ces voyelles, diphtongues et triphtongues, qui peuvent sembler très proches.

Les mots «*same*» et «*different*»

«*Same*» et «*different*» sont également intéressants à travailler. En s'appuyant sur les univers précédents, je peux montrer des réglettes appropriées et amener les élèves à construire les phrases suivantes : «*These two rods are of two different colours*», «*These two rods are the same colour.*» Et ensuite : «*This rod is the same colour as that one*» et «*That rod is a different colour from this one*» (en récupérant «*from*» comme mot virtuel du panneau n° 4).

Ces mots reviennent souvent dans la conversation et méritent notre attention rapidement. Il est utile de les avoir à disposition dès que possible. Ils reviendront sur la scène quand, avec le troisième panneau affiché, nous travaillerons sur «*All these rods are blue. They are all (of) the same colour*» et «*None of these rods is the same colour (as another). They are all of different colours*». Plus tard, on trouvera «*All*

the rods on the table are red except one which is white » et « A couple
of the rods in the pile are white but most of them are red », ainsi que
d'autres phrases de ce genre.

Les paires « light » et « dark » ; « both » et « the two »

Avec « light » et « dark », je peux montrer « light green » et « dark green ».
Puis avec « both », qui peut être relié avec « the two » (panneau n° 1) et
l'univers « this », « that » « these » (panneau n° 1) et « those » (panneau
n° 2), il est possible d'amener les élèves à construire « Both these rods
are green », « Both are green », « These two rods are yellow », « Both
these rods are yellow », « These rods are both yellow », « Both of these
rods are yellow » et « Both these rods are green, one's light green,
one's dark green ».

Le mot « both » peut être surprenant pour ceux qui parlent une langue
ne possédant que l'opposition singulier/pluriel, comme la langue française.

L'univers de « this », « that », « these » et « those » (suite)

Le mot « those » me permet de compléter l'univers « this », « that » et
« these » du panneau n° 1, si ce n'est pas déjà fait. Que le travail ait été
fait ou non, c'est une excellente occasion de revenir sur les trois premiers mots de cet univers.

Le mot « yet »

Pour travailler le mot « yet » dans un contexte compréhensible, je préfère attendre de pouvoir utiliser efficacement le temps qui passe dans
la classe, ce qui nécessite que les panneaux n° 3 et A et celui de la

numération soient affichés. Par exemple, on peut tous les jours créer des contextes d'où il est facile d'extraire le sens de ce mot.

Illustration

À 11 h 50, je lance la conversation suivante :
« *What time is it? Is it 12 o'clock yet?* »
« *No, not yet. It will be 12 o'clock in ten minutes' time.* »
Le lendemain, à 15 h 55 :
« *Is it 4 o'clock yet?* »
« *No, not yet. It will be 4 o'clock in five minutes' time.* »
Souvent, le temps qu'il faut pour construire la phrase et que tout le monde arrive à la dire fait que l'on peut changer la réponse plusieurs fois : « *No, not yet. It will be 4 o'clock in four minutes' time* », « *in three minutes' time* », « *in two minutes' time* », « *in one minute's time* », et enfin « *Yes, it 4 o'clock! It's time to stop!* »

Le mot « *us* »

Ce mot peut être introduit dans un travail autour de l'univers « *Take a rod and give it to me* ». Une des dernières phrases dans cet univers pourrait être : « *Take ten rods. Give two of them to him, another three to her. Give the others to us.* »

« *Us* » est utilisé également dans l'expression « *Let's begin* », une bonne façon de lancer le travail de la classe tous les jours, comme nous l'avons vu plus haut. Dans un premier temps, cette expression peut rester telle quelle, mais une fois qu'elle est bien comprise et reprise spontanément par certains élèves de la classe, il est utile de faire la décomposition pour retrouver « *Let us begin* ».

Le mot « *don't* »

Je n'introduis jamais ce mot avant que le deuxième panneau soit affiché. Il est facile à illustrer. Je m'en sers dans des phrases comme « *Don't take a blue rod, take a red one* », qui montrent le contraste entre les phrases affirmatives et négatives. Puis vient « *I don't have a red rod, I have a green one* », suivi de chaînes plus longues comme « *I have a green rod, a red one, a blue one and a brown one. I don't have a yellow one* ». « *Don't* » permet de revoir des constructions affirmatives. C'est pourquoi je ne suis pas pressée de l'introduire.

Le passage au panneau n° 3

Lorsque nous avons travaillé environ 80 % d'un panneau, le plus souvent, j'affiche le panneau suivant. Si je ne vois pas très bien ce que je pourrais faire avec tel mot, je peux décider de le mettre de côté et d'y revenir plus tard. Pour le mot « *his* » par exemple (panneau n° 1), si je souhaite ouvrir cet univers et que j'ai vraiment besoin de « *my* » qui est sur le panneau suivant, je peux décider de rester avec un seul panneau et placer « *my* » et « *your* » en tant que mots virtuels sur le mur. Ou je peux décider de garder « *his* » pour plus tard, quand j'aurai « *my* » et les autres adjectifs de ce type à disposition. Il est cependant recommandé d'explorer 80 % d'un panneau avant de passer au suivant. Sur ce deuxième panneau d'anglais, il est fréquent de reporter l'utilisation des mots « *be* », « *if* » et « *let* ».

CHAPITRE 9

Le troisième panneau de mots

at some longer ~est
given apart go right
shall together taken
who gave than long ~er
but short by told 'm
much were all come n't
was can took tell ~ing
left like very will 's
're 'll ~ed ~ed ~ed 'll

Panneau de mots n° 3[1]

Les deux panneaux déjà étudiés restent affichés au mur.

À part les mots associés aux temps verbaux qui seront traités au chapitre 11, un domaine ressort immédiatement quand on étudie ce panneau : celui des comparatifs et des superlatifs. On y trouve également quelques couples tels que «together» et «apart», «right» et «left», «all» et «some», et quelques mots comme «by» «much» ou «very». Ces mots ont été ajoutés parce qu'ils sont extrêmement courants et permettent de construire de plus longues phrases avec les éléments déjà disponibles, ce qui représente un avantage dans l'approche Silent Way.

---

1. Word Chart 3 of the Silent Way language program © Educational Worldwide Solutions Inc., 2011. All right reserved.

Comparatifs et superlatifs

Nous disposons de deux adjectifs, « *long* » et « *short* », ainsi que les terminaisons « *-er* » et « *-est* », et du mot « *than* ». Nous pouvons utiliser ces mots dans un premier temps pour comparer les réglettes.

Les mots « *long* », « *short* » et « *-er* », donc « *longer* » et « *shorter* » avec « *than* » nous permettent de construire des phrases comme : « *The blue rod is longer than the red one* ». Pour mettre cette phrase en situation, je pose une réglette bleue à côté d'une réglette rouge sur une table et j'indique, en passant mon doigt sur la longueur de chaque réglette et en marquant la longueur avec mon pouce et mon index, que nous allons parler de la notion de longueur. Il est nécessaire que les élèves pratiquent beaucoup, bien sûr. Il suffit de changer de couleur pour renouveler à chaque fois le défi.

Une fois cette première phrase bien en place, quand les élèves ont acquis une facilité suffisante pour utiliser toutes les couleurs par couple de deux, je place plusieurs réglettes côte à côte, ce qui donne la possibilité de dire des phrases bien plus longues. On finit ce travail par une phrase comme : « *The orange rod is longer than the blue one, which is longer than the dark green one, which is shorter than the brown one, which is longer than the red one, which is shorter than the pink one, which is longer than the white one.* » Il faut un temps de pratique certain pour que toute la classe arrive à produire avec facilité des phrases comme celle-ci.

L'introduction du mot « *centimetre* » ouvre la voie à de nombreuses phrases comparant la longueur des réglettes ensemble, « *end to end* », etc. « *The blue rod is seven centimetres longer than the red one* » and « *How many centimetres longer than the red rod is the blue one ?* ». Il est facile de partir de là pour aborder une leçon de mathématiques avec des élèves du primaire.

Pour introduire « *long* » plus la terminaison « ~est », il suffit de coucher une réglette orange à côté de deux autres plus courtes — une noire et une jaune, par exemple — pour créer la situation suivante : « *The orange rod is the longest of the three* » et, « *The yellow rod is the shortest of the three.* » L'adjonction des mots « *of the three* » permet de mieux comprendre ce que nous sommes en train de comparer. Avec une situation semblable, mais en se servant de deux réglettes seulement, on peut construire des phrases qui permettent d'utiliser « *longer* » et « *shorter* » : « *The red rod is the shorter of the two* », par rapport à : « *The red rod is the shortest of the three.* » Avec des exemples de ce type, les différentes significations deviennent rapidement claires.

« *Tall* » et « *short* »

Le mot « *tall* » se trouve sur le quatrième panneau, mais on peut le construire dès le troisième en se servant du mot « *all* » et en empruntant la lettre « t » au mot « *short* » ou au mot « *took* », les deux étant à proximité. « *Tall* » nous permet de nous lancer dans l'étude des tailles relatives des élèves.

Illustration

« *Ali is taller than Frédéric, Marie is shorter than Alice, but taller than Laetitia.* »
« *Rachid is the tallest in the class. Élodie is the shortest.* »
« *Ali is ten centimetres shorter than Rachid, who is five centimetres taller than Marie.* »
« *Rachid is taller than Marie by five centimetres.* »

D'autres possibilités utilisant «*much*», «*very*», «*as*», etc.

L'introduction de «*much*» permet de dire : «*The orange rod is much longer than the red one*», ainsi que diverses variations sur ce thème. Puis «*very*» permet la construction de phrases comme : «*The white one is very short.*» Le mot «*as*», qui se trouve sur le premier panneau, suggère la phrase suivante : «*The blue rod is very long, but not as long as the orange one.*» Le mot «*together*» ouvre la voie à : «*The yellow rod is longer than two red rods together.*» En trouvant «*end*» sur le premier panneau, nous pouvons dire : «*Three red rods end to end are shorter than one black one.*» Nous pouvons également envisager : «*Three red rods end to end are one centimetre shorter than one black one*», ou alternativement : «*Three red rods end to end are shorter by one centimetre than one black one*», puis : «*Three red rods end to end are shorter than one black one by one centimetre.*» Cette dernière phrase serait à pointer sur les panneaux de mots, car elle permet de vérifier la compréhension des deux sens du mot «*one*».

La paire «*right*» et «*left*»

Cette paire de mots est illustrée de plusieurs façons. La situation la plus facile utilise les élèves et leur place dans la salle. «*Philippe is on my left, Céline is on my right*» est un bon début. On peut compliquer les choses avec : «*Philippe is on the right of Ali. Pierre is on Ali's left.*» Les élèves peuvent distinguer entre «*Lionel is on the right of Ali*», ce qui veut dire qu'il est à côté d'Ali, et : «*Lionel is to the right of Joanne.*» Dans ce cas, il est situé à sa droite, mais n'est pas à côté d'elle. Au moins un élève se trouve entre les deux.

Des phrases telles que «*"like" is on the left of "very"*» aident à préciser le sens de «*right*» et «*left*». Ce sont les mots eux-mêmes et leur placement sur le panneau de mots qui sont en jeu ici. Des phrases comme

« *"Left" is to the left of "like"* » ou « *"right" is on the right of "go"* » amusent bien les élèves.

Nous pouvons également construire des phrases telles que : «*Ali has a red rod in his right hand and a green one in his left hand.* » Le mot «*hand*» est très facile pour les élèves, car le nom du sport, «*handball*», leur donne le mot en anglais, malgré son origine allemande. Je le pointe en me servant de «*and*» sur le premier panneau et en empruntant le «*h*» du mot «*his*» qui est juste au-dessous. «*I've got six rods : five in my left hand and one in my right hand.* »

«*All*», «*some*» et «*a*»

Ces trois mots nous donnent la possibilité de construire *«All the rods on the table are red»* et *«All the red rods are on the table»*. Puis, en ajoutant une seule réglette blanche, on a : *«One of the rods on the table is white. All the others are red.»* J'ajoute deux autres réglettes blanches et cela donne : *«Three of the rods on the table are white, all the others are red.»*

Pour provoquer l'émergence d'une telle phrase, j'ajoute les réglettes blanches, en les faisant compter, puis en pointant «*three*» et «*of*». Puis je lève mes doigts pour suggérer à la classe qu'ils commencent la phrase. En hésitant, ils pourraient commencer par dire : «*Three of the white rods…* » Je plie alors le doigt représentant «*white*», ce qui donne «*Three of the rods…* ». J'indique la table et ils ajoutent «*on the table*». Puis j'agite mon premier doigt pour les inciter à recommencer : «*Three of the rods on the table*». Ils peuvent continuer seuls : «*…are white*». En levant plusieurs doigts supplémentaires, j'indique à présent qu'ils doivent aller jusqu'au bout de la phrase. Le plus souvent, quelqu'un y arrive. En réalité, plusieurs personnes vont souvent jusqu'au bout avec plusieurs phrases différentes, correctes ou nécessitant une correction, et nous passons quelques minutes à les examiner l'une après l'autre pour identifier les différences subtiles entre les propositions.

«*Some*» est utilisé pour un nombre indéfini. Je dois donc créer des situations où personne ne sait vraiment combien de réglettes sont en jeu. Je prends toutes les réglettes dans la main et j'ajoute ou j'enlève des réglettes blanches de façon que personne ne sache combien de réglettes blanches sont dans le tas que je pose sur la table ; les élèves voient cependant qu'il y en a très peu : «*Some of the rods on the table are white*» et aussi : «*Some of the rods on the table are red, some are black, some are green, and one or two are white.*»

Selon le niveau de la classe, il est possible de faire des phrases comme : «*Some of the rods in my hand are green*», ou : «*Some of Philippe's rods are white.*»

«*Together*» et «*apart*»

Pour «*together*» et «*apart*», je pose sur une table deux réglettes côte à côte, soit à l'horizontale, soit à la verticale. Je pointe «*Put the rods together*», puis «*take them apart*» et je m'assure qu'en manipulant les élèves prennent conscience du sens de la phrase.

CHAPITRE 10

Du quatrième au neuvième panneau

Il devient à présent impossible de prévoir le contenu du travail et sa progression. Avec le quatrième panneau affiché, ainsi que probablement les panneaux A, B et C, sans compter de nombreux mots ajoutés au gré des besoins, chaque classe est très certainement partie à l'aventure et se trouve loin de la progression suggérée par l'apparition des mots sur les panneaux. Continuer à traiter tous les univers de façon linéaire devient un non-sens.

Nous pouvons cependant donner quelques indications quant aux diverses façons de présenter des phrases susceptibles d'aider les élèves à en comprendre le sens. C'est ce que nous ferons dans ce chapitre.

Panneau n° 4

Le quatrième panneau de mots est spécialement consacré surtout à une extension du travail sur les temps verbaux et les relations spatiales.

Temps verbaux

Les mots relatifs aux temps verbaux sont de deux types. D'une part, on y trouve quelques verbes comme « *want* », « *speak* », « *show* » « *live* » et « *last* » (ce mot ayant deux significations, l'une étant « *durer* », l'autre « *dernier* »). D'autre part, on trouve quelques auxiliaires et des modaux comme « *can't* » et « *won't* », ainsi que ceux utilisés pour ce qui est communément appelé le conditionnel — « *would* », « *should* » et « *could* » et la forme contractée « *'d* ». Les auxiliaires modaux sont traités dans le chapitre 11 sur les temps verbaux.

Les mots relatifs aux relations spatiales incluent « *up* » et « *down* », « *high* » et « *low* », « *top* », la préposition « *under* », « *from* », qui rejoint ainsi « *to* » du premier panneau, et enfin « *between* », « *behind* », « *beside* » et « *front* » (qui permet de créer « *in front of* »).

On y trouve en outre quelques autres mots très utiles : « *because* », « *easy* » ; « *now* » et « *then* » ; « *more* » et « *less* » ; « *first* », « *next* » et « *last* » ; « *tall* », « *any* », « *or* » et « *nor* » (même si « *either* » et « *neither* » n'apparaîtront pas avant le panneau n° 5).

Les relations spatiales et les temps verbaux ne se travaillent pas de la même manière. Autant il est possible de travailler plusieurs adverbes ou prépositions de place le même jour, autant il est utile d'espacer le travail sur les temps verbaux, l'entrecoupant avec d'autres thèmes.

La relation à l'espace : l'univers des prépositions spatiales

Quand je travaille sur la relation à l'espace, je n'oublie jamais que tous les élèves ne sont pas exactement en face de la table. Ce qui est « devant » pour un élève au milieu de la classe peut très bien se voir comme à droite ou à gauche pour un élève situé aux extrémités gauche et droite d'une rangée de sièges. Je commence donc avec les réglettes, mais je travaille également avec les élèves eux-mêmes pour ces prépositions. « *The orange rod's between the two green ones* » laissera rapidement la place à « *Ali is behind Frédéric and in front of Marie. Marie is beside Laetitia. Marie and Laetitia are side by side. Pierre is between Frédéric and Marie, behind Ali and in front of Luc.* » Je travaille donc sur la relativité spatiale des élèves.

J'utilise les réglettes pour fabriquer de très longues phrases telles que « *The orange rod's lying on the green one which is lying on the pink one which is lying on the blue one… which is lying on the table* » et son inverse : « *The yellow rod's lying on the table under the green one which is lying under the [...] the orange rod which is lying on the top.* »

Quelquefois, j'introduis des phrases comme « *Marie's first in the line, Pierre's last* ». Si le panneau de la numération a déjà été abordé, il est possible de continuer dans cette voie avec « *Marie's first in line, Fred's second, Ali's third,... and Pierre's last in line* ». En plaçant les élèves les uns derrière les autres, chacun peut dire : « *Marie is in front of me, and Ali's behind me.* »

À partir du panneau n° 4, il est tout à fait possible de laisser des élèves adultes tenir des conversations libres et discuter de leur vie. Des exemples de ce qui arrive dans ce cas se trouvent au chapitre 14. La classe elle-même peut parfaitement générer le contenu du cours si l'enseignant les encourage à le faire. C'est une façon agréable et efficace d'introduire du vocabulaire en situation. Ce n'est pas une activité spontanée cependant, car l'idée de prendre la direction des opérations est loin d'être évidente pour eux. C'est pourquoi il faudra les y aider.

Lorsque les élèves discutent entre eux de ce qu'ils ont envie de partager, il suffit, pour introduire le vocabulaire, d'attendre que les phrases arrivent et de substituer les mots adaptés aux mots mal choisis que les élèves utilisent pour exprimer leurs idées.

En revanche, il devient impossible de prévoir comment la classe se déroulera. Il existe dans ce cas beaucoup trop de pistes possibles qui auraient pu être explorées. À présent, le rôle de l'enseignant est de préparer sa classe en réfléchissant à de nombreuses phrases « percutantes », qui illustrent les mots sur les panneaux. Cette préparation est à faire une seule fois, même si l'on s'aperçoit qu'il est possible d'améliorer l'une ou l'autre des phrases. L'enseignant ne contrôle pas les phrases qui surgissent dans la classe, et se trouve souvent dans une situation où il aura à trouver rapidement une illustration pour faire face à une situation inattendue. De fait, on prend vite l'habitude d'inventer des phrases illustratives avec leurs situations correspondantes. C'est un défi agréable. Si l'on se trouve démuni, on dit avec franchise aux élèves qu'on y réfléchira pendant la nuit et, qu'avec un peu de chance, on aura trouvé pour le lendemain. Dans mon expérience, les élèves acceptent sans difficulté d'attendre. Il arrive même que ce soit l'un des élèves qui trouve comment illustrer son propos.

Voici donc quelques pistes.

Illustration

Les panneaux contiennent désormais de nombreux mots ayant un sens opposé, soit sur un même panneau, soit sur des panneaux déjà utilisés:
- Des adjectifs: «*big*», «*little*»; «*old*», «*young*», «*new*»; «*good*», «*better*», «*best*»; «*bad*», «*worse*» («*worst*» par construction), «*hard*» («*easy*» a déjà été vu avec le panneau n° 4), «*few*» et ses composés et «*most*» («*many*» et «*more*» sont déjà acquis).
- Des adverbes et des prépositions: «*near*» et ses composés, «*far*», «*further*», («*furthest*» par construction) et «*enough*» («*not enough*» par construction)

Il existe des dizaines de façons d'introduire ces mots. En voici quelques-unes.

Paires d'adjectifs

Il est toujours utile de demander aux élèves quel est le contraire de différents mots, et de donner des exemples tirés de la classe ou d'une situation connue de tous. Souvent, on constate qu'il existe plusieurs contraires et on arrive à construire des chaînes. De nombreux exemples sont nécessaires pour aider les élèves à bien comprendre les différences entre ces mots. Quelle est la différence entre «*a little girl*» et «*a small girl*»?

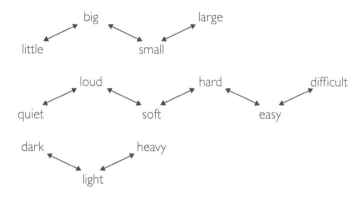

Je fais souvent comparer des élèves :

Illustration

- « *Ali is 10 years old. Marc is 9. Ali is older than Marc. Marc is younger than Ali.* »
- « *Ali is one year older than Marc. Marc is one year younger than Ali. If Ali is one year older than Marc, then Marc is one year younger than Ali, of course!* »
- « *Frédéric is 6 months younger than François. Frédéric is the youngest in the class.* »

« *Each* », « *every* », « *all* », « *most* », « *almost all* », « *some* »

J'utilise plusieurs situations pour montrer le sens de ces mots et les constructions des phrases qui les contiennent. Dans ce qui suit, les élèves décrivent la situation chaque fois qu'un changement quelconque est effectué. Il suffit de changer une réglette de place pour que la situation se modifie, ou non. Ainsi, les élèves prononcent des dizaines de phrases en une leçon.

Étape 1

Je pose une dizaine de réglettes sur la table, chacune d'une couleur différente. Je pointe une première phrase :

- « *Here are ten rods. Each of the rods is a different colour. Each rod is a different colour.* »
- « *All the rods on the table are of different colours.* »
- « *They are all of different colours.* »
- « *All of them are of different colours.* »

Je n'ai pas besoin de pointer tous les mots de ces phrases. Je touche « *all* », je balaie les réglettes d'un geste large pour indiquer approximativement le sens et les élèves se lancent dans une devinette avec l'aide de mes doigts. Ils ont maintenant assez d'anglais à disposition pour construire de telles phrases sans une aide plus soutenue de ma part que mes doigts.

Étape 2

Je pose toutes les réglettes rouges en tas sur la table. Je montre aux élèves que la boîte ne contient plus de réglettes rouges : « *All the red rods are on the table.* » Je tourne un peu mes doigts pour indiquer un réarrangement des mots, et ils disent, avec l'aide des doigts : « *All the rods on the table are red.* » Je montre « every one of… » et ils disent : « *Every one of the rods on the table is red.* »

Étape 3

Je place l'une des réglettes dans la boîte et montre « *almost all…* ». Ce qui donne : « *Almost all the red rods are on the table, but one is in the box. All the rods on the table are red.* »

Étape 4

J'ajoute une réglette blanche au tas et signale qu'ils peuvent commencer. Ils se lancent dans la phrase précédente. Quand ils arrivent au mot « *red* » je leur fais signe d'arrêter et je donne « *except* ». Ils l'ajoutent. Je montre qu'il reste trois doigts. Ils cherchent et finissent par trouver la fin de la phrase. Bien sûr, chaque phrase est dite plusieurs fois, et finit en anglais de tout point de vue — prononciation, intonation, rythme, etc.

- « *All the rods on the table are red except one, which is white.* »
- « *Almost all the rods on the table are red, but one is white.* »

Étape 5

J'ajoute deux autres réglettes blanches.

- « *Most of the rods on the table are red, but a few are white.* »
- « *All the rods on the table are red except three, which are white.* »

Étape 6

J'enlève une réglette blanche.

- « *Most of the rods on the table are red, but two are white.* »
- « *All the rods on the table are red except two, which are white.* »

Étape 7

J'ajoute plusieurs réglettes blanches au tas : « *Some of the rods on the table are red and some are white.* »

Étape 8

J'enlève des réglettes blanches, une à la fois, jusqu'à ce qu'il faille changer la phrase qui devient :

- « *Most of the rods on the table are red but a few are white.* »
- « *A few of the rods on the table are white, but most are red.* »

Étape 9

Je pose sur la table une vingtaine de réglettes de couleurs variées, toutes de petite taille : blanches, rouges ou vert clair. J'y place également une noire qui est bien plus longue.

- « *All the rods on the table are smaller/shorter than the black one.* »
- « *Each of the rods on the table is shorter than the black one.* »
- « *The black rod is longer than all the other rods on the table.* »

De cette façon, je montre aux élèves toutes les situations que ces mots suscitent. Ensuite, il est utile de lancer des phrases comme « *Each of the people in the class has a different last name. Most of the people in the class live in Paris, but Ali lives in Montreuil.* » Etc.

« Both », « and » ; « neither », « nor »

Je pose sur la table deux réglettes vertes, côte à côte : « *Both these rods are green.* »

Je les écarte : « *Both this rod and that one are green. Neither of these rods is pink./Neither this rod nor that one is pink.* »

« Enough »

Ce mot ne pose pas de problème particulier. Voici une façon de l'introduire, avec « *have to have* » en plus. D'abord, je travaille la prononciation de plusieurs mots dans le domaine de la géométrie : « *triangle* », « *square* », « *rectangle* », etc.

Illustration

« *How many rods do you have to have to make a triangle?* »
« *You have to have three. I only have two. Two are not enough to make a triangle.* »
Ou :
« *Frédéric, take this pointer. Can you touch the ceiling?* »
« *No I can't. I'm not tall enough. I'm not tall enough to touch the ceiling, even with a pointer. Can you?* »
« *Yes, I'm tall enough. I'm taller than you.* »

« Before » et « after »

À ce stade de l'apprentissage, je trouve utile de contextualiser ces deux mots dans la continuité de l'étude de l'heure :

– « *What's the time? It's a little before 3 h 15. It's a little after 3 h 10.* »

– « *If it's a little before 3 h 15, then it's a little after 3 h 10.* »

Il est facile de revenir sur ces phrases plusieurs fois au cours d'une ou de plusieurs leçon(s), pour que les élèves s'exercent suffisamment.

« Last week »

Comme nous l'avons vu au chapitre 9, cette petite phrase ouvre la voie au prétérit. Ce temps est avec nous depuis le deuxième panneau, mais il sera désormais possible d'explorer ce temps en détail et d'étendre considérablement son utilisation.

« *Last Monday* », « *last month* », « *last December* », « *last year* » et beaucoup d'autres phrases nous permettront de lancer des sessions de conversation. Selon l'âge des élèves, le contenu des conversations différera dans les détails, mais elles décriront leur vie réelle : « *Last summer, we went to the beach at Arcachon* » ; « *Last Christmas, I got a PlayStation* » ; « *Last week I was sick.* » Bien évidemment, j'encourage des questions supplémentaires si possible.

Illustration

« *Last week, I saw Batman II.* »
« *Did you like it?/Was it good?* »
« *Yes I did./Yes it was.* »
« *Last week, I was away because I was in Belgium.* »
« *Why did you go to Belgium?* »
« *I went there for my work/job.* »
« *Did you have time to visit?* »
« *No I didn't. I worked 14 hours a day/ every day.* »

« Once », « twice », « three times »

Quand nous arrivons à ces mots, je connais très bien la classe, et les élèves me connaissent. Je peux me permettre une blague… Je demande à quelqu'un de se lever.

« *Stand up!* » Il se lève.
« *Sit down!* » Il s'assied.
« *Stand up!* » Il se lève de nouveau.
« *Sit down!* » Il s'assied.

Je le fais refaire ce mouvement trois ou quatre fois, en comptant avec mes doigts de façon très visible : « *He stood up three times and he sat down three times.* »

Je pointe le mot « *times* » sur le panneau de la numération et non sur le panneau A + « s », car je veux que s'installe une différence entre l'idée de « *time* », le temps qui passe, un mot singulier qui peut être mis au pluriel dans des phrases comme « *The Times* », et le mot « *times* », qui est un autre mot, de nature mathématique, existant au singulier comme forme forte de « *once* » dans une phrase comme « *I did it only one time* ».

À présent, je demande aux élèves de trouver des choses à faire faire ou faire dire plusieurs fois :

– « *Ali, say hello.* »
– « *Hello.* »
– « *Say it again.* »
– « *Hello.* »
– « *Say it again.* »
– « *Hello.* »
– « *Ali said hello three times.* »

Je lève dix doigts et montre que je veux qu'ils disent « *ten times* ». Je baisse un doigt et ils disent « *nine times* » ; je baisse encore un doigt et ils disent « *eight times* ». De cette façon, on arrive à « *five times, four times, three times, twice, once* ». Il faut que je donne ces deux derniers mots (*once* et *twice*), bien sûr. Les élèves comptent de bas en haut et de haut en bas plusieurs fois jusqu'à ce que tout le monde soit à l'aise.

Le suffixe « -ly »

Cette terminaison sera utile avec de très nombreux mots. Sur le panneau n° 6, il se colle à « *slow* » pour produire s-l-o-w-l-y, que les élèves diront à la vitesse r-e-q-u-i-s-e ! Le contraste avec « *quickly* » et « *fast* », qui figurent sur le panneau suivant, doit être montré. C'est l'occasion de retourner en arrière afin d'ajouter cette terminaison à « *nearly* », « *mostly* », « *differently* », etc., avec à chaque fois une phrase adaptée, tirée de la situation réelle de la classe pour démontrer le sens du mot. Ce suffixe donne lieu également à l'émergence de « *rightly* » et « *wrongly* », « *easily* », « *shortly* » (pour « *in a few minutes* »), « *firstly* », « *secondly* », « *thirdly* » et « *lastly* ».

Illustration

« *Give me three good reasons to stop the lesson at 4 o'clock!* »
« *Firstly, 4 o'clock is the time for the lesson to end; secondly, we are tired; and thirdly, we have another class at four o'clock.* »

Le panneau n° 7 donnera d'autres occasions d'explorer « -ly » avec « *loudly* », « *softly* » et « *heavily* ».

« Say » et « tell »

On peut montrer le contraste entre ces deux mots en employant le discours direct par rapport au discours indirect.

Illustration

« *Ali, tell François to stand up.* »

« *François, stand up!* »

« *Ali told François to stand up, and he did./Ali said* "François, stand up!" *and he did.* »

« *François, take a rod!* »

« *I told François to take a rod, and he did.* »

« *I said* "François, take a rod!", *and he did.* »

Il importe de montrer directement le contraste existant entre les deux, de façon que les élèves prennent l'habitude d'utiliser le discours direct avec « *say* » et le discours indirect avec « *tell* ». Les subtilités sont bien plus faciles à mettre en place si cette distinction est introduite.

« Look », « listen » et « talk »

Ces mots peuvent être illustrés par les comportements dans la classe des élèves eux-mêmes :

- « *Ali is talking to Rachida. Rachida is listening to him.* »
- « *Ali is talking to François, but François isn't listening to him. François is talking to Frédéric. If he doesn't listen, he won't hear what Ali is saying.* »
- « *François is looking at Rachida.* »

Les distances : « near », « far » *et* « close »

Je place une réglette bleue, une jaune et une rouge debout sur la table, à des distances relatives appropriées. La réglette bleue représente Paris, la jaune, Dijon et la rouge, Besançon, la ville où nous sommes. Je donne à ces trois villes, et les autres qui seront introduites, la prononciation anglaise de leur nom, ce qui cause souvent des éclats de rire ou de surprise. Bien évidemment, il convient de choisir des villes près de chez vous, connues des élèves.

Pendant cet exercice, il peut être utile d'introduire des sous-univers, en se servant de la position des élèves les uns par rapport aux autres pour illustrer les propos :

- « *How far is Dijon from Paris? Dijon is 300 kilometres from Paris.* »
- « *How far is Besançon from Paris? Besançon is 400 kilometres from Paris.* »

Et ensuite :

- « *Dijon is closer to Besançon than to Paris.* »
- « *Dijon is closer to Paris than Besançon is.* » (Autrement dit : « *Dijon is closer to Paris than Besançon is close to Paris.* »)

Cette distinction est difficile. Il est souvent nécessaire de travailler ces deux types de phrases plusieurs fois jusqu'à ce qu'elles soient bien comprises. En particulier, il convient de compléter la seconde phrase par la partie qui est sous-entendue, car c'est l'ellipse qui est problématique :

- « *Besançon is further from Paris than Dijon is.* »
- « *Besançon is closer to Dijon than to Paris.* » (Autrement dit : « *Besançon is closer to Dijon than Besançon is close to Paris.* »)

J'introduis une réglette blanche qui représente Pontarlier : « *Pontarlier is close to Besançon. Pontarlier is closer to Besançon than to Dijon. Of the three cities, Pontarlier is the furthest from Paris. Pontarlier is 450 kilometres from Paris.* »

À présent, je pose une réglette noire et une marron pour représenter Strasbourg et Lyon : « *Besançon is half way between Strasbourg and Lyon. Besançon is equi-distant from Strasbourg and Lyon.* »

Il est intéressant de faire cet exercice avec une mappemonde, ou mieux encore, un globe terrestre, ainsi qu'un mètre ruban, en se servant de villes connues : Sydney, Tokyo, Moscou, Londres et Bruxelles par rapport à Paris, par exemple, ce qui permet beaucoup de pratique.

Illustration

« Here are six cities. Which is closest/nearest to Paris, Brussels or London? Which city is furthest from Paris? Sydney is. Tokyo is not as far from Paris as Sydney is. »

« How far is Sydney from Paris? Sydney is 12,000 kilometres from Paris. Sydney is a very long way from Paris. »

« Sydney is 24 hours from Paris by plane. Tokyo is 12 hours from Paris by plane, so Tokyo is closer to Paris than Sydney is. Tokyo is 12 hours from Paris and 12 hours from Sydney, so Tokyo is the same distance from Paris as from Sydney. »

« Moscow is much closer to Paris than to Tokyo. » Etc.

Plus tard, on peut revenir sur cet exercice avec les villes avec d'autres phrases : *« Which city in the world is furthest from Paris? Wellington is. Wellington is furthest from Paris. »*

Ce sera l'occasion de refaire un peu de géographie !

« Look » and « see », « listen » and « hear », « feel » and « think »

Je ne perds jamais une occasion d'introduire *« see »* dans le sens de « comprendre » et je le fais bien avant d'afficher le sixième panneau. Quand quelqu'un fait montre d'une prise de conscience audible, je lui fais dire *« Ah! I see! »*. Le mot est donc connu avant l'utilisation que l'on en fait au niveau de la perception.

Je travaille ce verbe en posant la boîte de réglettes sur la table. Je place quelques petites réglettes tout autour, très près de la boîte, de façon que certaines soient invisibles pour les uns tout en étant visibles pour les autres. Selon l'endroit où l'on se situe dans la salle, un nombre différent de réglettes est visible. Chacun peut alors dire ce qu'il voit :

- « *From where I am, I can see four rods.* »
- « *From here, I can only see three.* »
- « *I can see three rods; that red one and those two pink ones.* »
  Etc.

Le mot « *look* » est facilement introduit quand quelqu'un cherche un mot sur les panneaux :

- « *If you look at the top of chart n° 4, you'll see it.* »
- « *If you look at the top of chart n° 4, you'll find it.* »

Les mots « *listen* » et « *hear* » arrivent souvent bien avant l'affichage du panneau n° 6. J'en ai besoin quand quelqu'un ne parle pas assez fort. Quand un élève fait comprendre qu'il a besoin qu'un de ses camarades parle plus fort, c'est l'occasion d'introduire :

- « *Speak louder please. I can't hear you.* »
- « *If you listen carefully, you'll hear what he says.* »
- « *Even if I listen carefully, I can't hear what he is saying.* »

Je souligne souvent le contraste entre « *feel* » et « *think* ». « *What do you think?* » arrive avant le panneau n° 6, parce que la situation se produit rapidement. Dès le panneau n° 3 et le mot « *like* », des avis sont en général donnés : « *I like this, I don't like that. What about you, what do you think?* »

Quelquefois, je construis une tour verticale avec de grandes réglettes. Je pose une réglette orange à la verticale sur la table, puis une bleue juste dessus, de façon à ériger une tour de 19 cm de hauteur. Je fais semblant de poser une réglette marron sur la bleue, ce qui est une gageure :

- *« Can I put a brown rod on top of the blue one?/Do you think I can put a brown rod on top of the blue one? »*
- *« I think if you put another rod on top of the blue rod, the tower will fall. »*
- *« What do you think? »*
- *« I think you can do it. »*
- *« I don't think you can. »*

Et ainsi de suite pendant toute la durée du cours.

Plus le temps passe, et plus il devient aisé de s'exprimer dans la langue étrangère. C'est bien là l'un des buts de cette pédagogie : que les élèves deviennent indépendants, autonomes et responsables.

CHAPITRE 11

Les temps verbaux

Ce chapitre introduit l'enseignement des temps verbaux. Il est évident que ceux-ci doivent être travaillés de façon cohérente du début jusqu'à la fin du cours. Décrire ce que l'on pourrait faire panneau par panneau aurait donné une vision très fragmentaire de la manière de travailler. C'est pourquoi j'ai choisi de regrouper en un endroit la section tout entière afin de montrer d'abord comment construire les temps, puis comment les intégrer les uns aux autres. C'est le but de ce chapitre. Il est, donc, transversal par nature.

Les niveaux de difficulté

Il existe trois niveaux très différents pour travailler les temps verbaux. Ce que je choisis de travailler dépend des acquis des élèves.

Dans un premier temps, il est important que chaque élève saisisse correctement la construction à proprement parler du temps. Pour cette étape, il est utile de limiter le vocabulaire à ce qui figure sur les panneaux, en limitant les ajouts.

Dans un deuxième temps, on pourra ouvrir les discussions à des histoires plus complexes qui illustrent l'utilisation des temps en situation, d'abord temps par temps, puis les uns par rapport aux autres.

Au troisième et dernier stade, on peut encourager les discussions libres et traiter les diverses formes et mots au fur et à mesure de leur apparition. Cette dernière façon de travailler est illustrée avec une classe d'élèves de niveau intermédiaire faible au chapitre 14.

Premier stade : les formes des temps

Panneau n° 1

Le travail commence sur le premier panneau avec les mots « *is* » et « *are* », du verbe « être », même si, à ce stade, on ne peut pas réellement parler de construction de temps verbaux. Les utilisations relèvent plus d'un apprentissage des mots que d'une réelle construction d'un temps. « *Is* » et « *are* » sont appris comme des unités de vocabulaire. Différents contextes pour l'utilisation de ces mots ont été abordés au chapitre 7.

Panneau n° 2

Ici aussi, l'apprentissage des temps verbaux s'apparente plus à celui du vocabulaire qu'à une véritable recherche sur les temps. Ce travail a été décrit au chapitre 8.

Panneau n° 3

Un travail sérieux peut à présent commencer avec ce panneau. J'y trouve « *given* », « *taken* », « *took* » et « *gave* », ainsi que « *put* », qui est déjà sur le premier panneau. Ces mots donnent accès au « *present perfect* » et au prétérit. Je dispose également de « *~ing* », « *was* » et « *were* » pour travailler les deux formes progressives. À la fin de ce travail, les élèves auront à disposition quatre temps verbaux : le présent progressif/continu, le « *present perfect* », le prétérit et le prétérit progressif/continu. Selon la classe, on peut aussi aborder le *plu-perfect* (plus-que-parfait) puisque « *had* » se trouve sur le deuxième panneau.

Comme cela a déjà été mentionné précédemment, je ne peux travailler le présent simple avec les verbes qui figurent sur les trois premiers panneaux — «*I take*», «*I come*», «*I go*», «*I put*» —, car je ne dispose pas encore des mots qui déclenchent son emploi. Le présent simple est utilisé le plus souvent avec des déclencheurs comme «*every week*», «*once a month*», «*always*», «*often*», «*never*» ou «*generally*», etc. En revanche, «*like*» dans «*Do you like…*», «*I don't like…*» et «*have*» dans «*Do you have…*» me permettent d'introduire ce temps. Cependant, ce sont les seuls verbes qui m'autorisent à le faire pour le moment. C'est pourquoi je commencerai ce travail avec le prétérit.

«*I took a rod and I gave it to him*»

Ce qui suit décrit tout un univers. Il s'agit de plusieurs semaines de travail, qui, je le rappelle, sera alterné avec un travail sur les deux autres thèmes, et en particulier les aspects abordés à partir des panneaux A, B et C.

Le travail autour de ce temps peut commencer avec les réglettes. Je fais prendre une grande réglette à un élève et lui signifie qu'il faut la passer en silence à un camarade. Celui-ci la passe à un deuxième, qui la passe à une troisième personne. Quand la réglette est passée entre une dizaine de mains, je demande silencieusement à celui qui la tient de la poser dans la boîte. La phrase issue de la situation sera : «*Alice took a rod out of the box and gave it to Julien. Julien gave it to Ali. Ali gave it to Philippe. Philippe gave it to Jeanne… Rachid gave it to Fred and Fred put it back in the box.*» Une fois que cette phrase est bien comprise de tous et dite avec facilité, nous recommençons avec une réglette d'une couleur différente.

Avec l'introduction des autres pronoms déjà connus, nous trouvons aussi, en pointant du doigt pour suivre qui est impliqué à chaque étape, : «*He gave him a rod and he gave it to her, and she gave it to me, and I gave it to him.*» Ainsi, chacun peut vérifier le sens et la justesse de la phrase en situation.

Je pointe les mots pour qu'un élève dise : «*I took a rod and I gave it to him* ». Tous peuvent dire la phrase correspondant à ce qu'ils ont fait. Fred, qui l'a reçue en dernier, peut dire, lui : « *I put it back in the box.* »

L'introduction du mot « who »

Puis je peux ajouter le mot « *who* », qui nous permet de dire : *« Julien gave the rod to Ali who gave it to Philippe, who gave it to Jeanne who gave it to... who gave it to Fred who put it back in the box. »*

Pour finir, je passe à des questions autour de la même situation. Il suffit de choisir une réglette dans la boîte, de la sortir et de la faire passer de main en main à beaucoup de monde, jusqu'à ce qu'il soit très difficile de savoir qui l'a donnée à qui. Des questions surgissent alors, telles que :

> – « *Philippe, who did you give it to?*
> – *I gave it to Ali.*
> – *Ali, who did you give it to?* »

Puis :

> – « *Who did Philippe give it to?* »
> – « *Who did Ali give it to?* »

Mais aussi :

> – « *Who gave it to Julien?* »
> – « *Who gave it to Rachid?* »
> – « *I gave it to Fred.* »
> – « *Fred, who did you give it to?* »

Fred est très embêté, bien sûr, car c'est lui qui l'a remise dans la boîte. Ayant prévu la situation, j'arrête tout ! Je demande à Fred la raison de son embarras, il montre en silence qu'il l'a remise dans la boîte, et je montre : « *I didn't give it to anyone, I put it back in the box.* » (On peut emprunter « *any* » au mot « *many* » sur le panneau n° 2.)

La voix passive

Il est possible ensuite d'introduire la voix passive avec « *by* » dans des phrases comme « *I was given a rod by Fred and I gave it to Laetitia* ». Bien évidemment, il faut beaucoup de pratique à chaque étape.

J'insiste sur le fait que ce travail se déroulera sur plusieurs semaines.

« *I've taken a rod and I've given it to him* »

Cette construction n'est pas complètement inconnue, car les élèves connaissent déjà depuis quelques jours — ou quelques semaines — « *I've got a rod* ». Donc seuls les mots « *given* » et « *taken* » sont nouveaux. Il y aura également une expansion du sens.

Je fais donner une réglette à quelqu'un par quelqu'un d'autre ; cette seconde personne est celle qui va parler. Je pointe les mots pour amener « *Where's your rod?* ». La réponse est : « *I've given it to him.* » La personne à qui la réglette a été donnée l'a toujours en sa possession à ce moment-là. Il faut beaucoup de pratique autour de cette phrase. Il est possible de varier le donneur, le receveur, la couleur des réglettes, leur nombre, les noms par rapport aux pronoms, ainsi que le nombre de donneurs et de receveurs, ce qui permet de s'exercer suffisamment pour que la construction soit bien installée.

Dès que la réglette se retrouve dans la boîte, la phrase change, et devient : « *I gave the rod to him and he put it back in the box.* » C'est le fait que la réglette soit remise dans la boîte et donc n'est plus en circulation qui signale que le temps verbal change. C'est ce changement qui signale la prise de conscience que je veux provoquer.

Il est possible aussi d'utiliser « *yesterday* », qui se trouve sur le panneau A, si ce mot est déjà disponible, et si les élèves se rappellent qui l'a donnée à qui la veille. Les phrases doivent toujours être non seulement correctes, mais également vraies !

« I'm going to take a rod »

Pour introduire la forme en « ing », je fais dire : « *I'm going to take an orange rod.* » Il suffit de faire dire la phrase à un élève un instant avant d'accomplir l'action. Il est possible de compliquer la phrase facilement en rajoutant des éléments : « *I'm going to go to the table, I'm going to take an orange rod and I'm going to put it there.* » Bien évidemment, il est important de varier les pronoms : « *He's going to…* », « *She's going to…* », etc.

Il est également possible de regrouper le futur d'intention, le présent et le prétérit dans une même situation. J'amène alors les élèves à dire avant d'agir « *I'm going to take some orange rods* » ; puis à dire tout en agissant : « *I'm taking some orange rods* » ; et enfin à dire, après avoir repris leur place sur leur chaise : « *I took some orange rods and I put them there.* » Dans ce cas, la réglette en question est visible sur la table.

Une phrase comme « *I was going to give it to Ali, but in the end, I gave it to Fred* » ne pose pas de problème aux élèves. Ce temps sera revu bien plus tard également.

Je n'introduis pas deux temps le même jour. Il faut travailler chaque temps pendant quelques heures, puis passer un certain temps à tout autre chose avant de revenir aux temps.

Les auxiliaires de mode

Il existe de nombreuses façons d'introduire les auxiliaires modaux « *would* », « *could* » et « *should* », c'est-à-dire les éléments les plus importants sur ce panneau, et de les mettre en situation. De façon générale, je préfère attendre qu'une situation se présente naturelle-ment dans la classe pour donner une idée du climat engendré par ces différents mots. Souvent un incident propice permet de les introduire.

Ou un doigt réprobateur permet d'introduire « *You should…* » et « *You should have…* ». Je le brandis vers une personne au caractère facile, irréprochable, toujours en guise de blague. Tout le monde doit se sentir décontracté dans cette classe. On ne peut rien apprendre si on craint le pire à tout moment. C'est pourquoi, de préférence, j'attends qu'il se produise un incident banal ayant néanmoins un climat semblable, mais moins intense. Les élèves sont très sensibles à ce genre de climat et saisissent facilement le contexte.

Néanmoins, il semble utile de montrer ici quelques utilisations qui ne viendraient peut-être pas à l'esprit immédiatement. Dans ce qui suit, il est bien entendu que je ne pose pas ces questions moi-même. Je fais en sorte qu'elles soient posées par les élèves, de nombreuses fois.

Je prends quatre réglettes marron que je commence à poser sur la table pour former les côtés d'un carré. Je ne pose pas la dernière réglette. Cette situation peut produire les dialogues suivants.

Illustration

« If I wanted to make a square with one colour, I would have to put a brown rod here. What other rods can I put there?
- You could put two pink ones. Or you could put four red ones. Or you could put one pink one and two red ones. If you want to make a square with one colour, you should put a brown one. »
« What colour would you put, Ali?
- I'd put two pink ones. »
« Marie, what colour would you put?
- I'd put four red ones, because I like red. »

Avec une classe qui a déjà étudié des notions de mathématiques, on peut introduire un peu de géométrie en anglais dans ce contexte. Je demande aux élèves de prendre plusieurs réglettes. Je montre le mot

« *triangle* » sur le panneau sons/couleurs et je pointe « *Take three of your rods and make a triangle* ». Certains prennent trois réglettes de la même couleur, d'autres de deux ou trois couleurs. Nous pouvons à présent nommer les triangles :

- « *Ali, your triangle is a scalene triangle. Élodie, yours is an isosceles triangle. Pierre, yours is an equilateral triangle.* »
- « *Ali, if you wanted to make your triangle into an equilateral triangle, what would you have to do?*
- *I'd have to have three sides of the same colour. I'd have to have three rods of the same colour. I'd have to change the red rod for a green one.* »
- « *Pierre, if you changed one of your green rods for a pink one, what sort of triangle would you have?*
- *I'd have an isosceles triangle.* » (On peut obtenir « *sort* » à partir de « *short* » sur le panneau n° 3.)

Il est possible de travailler toutes sortes de phrases sur le thème des mathématiques comme celles ci-dessus. Les jeunes aiment retrouver en anglais ce qu'ils ont étudié en mathématiques. Il faut dire que la prononciation est tellement différente que les phrases restent un vrai défi.

Plus tard, quand le panneau n° 6 sera disponible, on pourra revenir sur les triangles pour traiter de la longueur :

- « *The length of the three sides is different. Each of the three sides is of a different length.* »
- « *If a triangle has three sides of different lengths, it is called a scalene triangle.* »

(Bien sûr, il est également possible d'ajouter le mot « *length* » comme mot virtuel et de travailler ces phrases dès à présent.)

– « *What's the difference between your three different triangles?* »
– « *The length of the sides is different.* »
– « *If the length of two of the sides is the same, then the triangle is called an isosceles triangle.* »

Rien n'empêche d'étendre ces phrases aux rectangles, aux pentagones, etc.

On peut imaginer que de telles phrases soient inutiles. C'est vrai qu'elles sont difficiles à placer dans une conversation ! Leur importance ne réside pas dans leur utilité. En fait, elles font comprendre que la langue étrangère sert aux Anglais exactement comme la langue française sert aux Français. Même les mathématiques se font en anglais ! C'est surprenant de voir combien d'élèves sont étonnés par ce fait. Pour eux, l'anglais scolaire reste un exercice intellectuel, sans jamais devenir une langue à part entière.

Deuxième stade : « histoires de réglettes »[1]

Travailler sur des situations courantes

Il me semble plus important de pouvoir discuter de sa vie de tous les jours que de discourir sur les sujets abstraits. C'est pourquoi les situations sur lesquelles je travaille en classe sont le plus souvent banales.

Mr. et Mrs. Green : le présent progressif/continu

En me servant des réglettes les plus longues, je matérialise le plan très sommaire d'une maison ou d'un appartement sur la table. Dans l'une

---

1. Christian Torjussen utilise des « histoires de réglettes » depuis de nombreuses années au Centre de linguistique appliquée (CLA) de Besançon pour faire parler ses élèves. Il a proposé plusieurs des thèmes suggérés ici, tirés de sa très grande collection.

des pièces de la maison, je place trois réglettes roses côte à côte pour symboliser un lit, et je couche dessus Mr. & Mrs. Green, représentés par deux réglettes vert clair. Je peux éventuellement ajouter quelques minuscules rouleaux de patafix jaune à l'une des extrémités de l'une des réglettes vertes en guise de cheveux pour Mrs. Green.

À côté de la maison, je matérialise une horloge, en plaçant les aiguilles sur 7 heures. Phrase par phrase, en mimant et en fournissant des effets sonores, en me servant des panneaux de mots pour les mots qui s'y trouvent et du Fidel pour les autres, je construis l'histoire de leurs activités du matin. Je reste silencieuse, ne fournissant que le bruitage de l'alarme, de la machine à café, etc. Les élèves racontent l'histoire en temps réel. Chaque fois que c'est possible, je donne une ou plusieurs constructions alternatives.

Commençons...
J'imite l'alarme : « *Brrrrr!* » En me servant de gestes, j'invite les élèves à donner l'heure.

TLE (tous les élèves) : « *It's 7 o'clock!* »

Je montre sur les panneaux de mots et/ou le Fidel : « *The alarm clock is ringing.* »

Je m'étire, ouvre les yeux et montre : « *Mr. & Mrs. Green are waking up.* »

De cette façon je mime toute l'histoire.

J'avance l'horloge de cinq minutes.

TLE : « *It's five past seven.* »

Je relève les réglettes vert clair pour indiquer que Mr et Mrs Green se lèvent et je suggère : « *Now, it's five past seven. Mr. & Mrs. Green are getting up. Mr. Green is going to the bathroom. Now he's having a shower. Now he's shaving. Now he's getting dressed.* »

Je remets l'horloge à 7 heures et demande aux élèves de redire l'histoire de mémoire. S'ils ont du mal, je les aide. Le plus souvent, ils y parviennent collectivement. Mot par mot, je sélectionne la version proposée par l'élève qui est la plus proche des mots d'origine.

À présent, nous nous occupons de Mrs. Green : « *It's five past seven. Mrs. Green is in the kitchen. She's preparing breakfast/She's getting breakfast ready.* »

J'avance les aiguilles de l'horloge.

TLE : « *Now it's twenty past seven. They are eating breakfast. /They are having breakfast. Mrs. Green is having toast with butter and jam, Mr. Green is having bacon and eggs. She is having.../he is having... They are both drinking tea.* »

Je laisse les élèves choisir le menu ; le plus souvent, ce sont ces aliments-là qu'ils choisissent. S'ils n'en connaissent aucun, je donne ceux-là.

Je les fais recommencer depuis le début. Les élèves aiment ce défi, qui est toujours une œuvre collective. Puis nous continuons :

- « *It's twenty to eight. They are doing the washing up./They are washing up./They are washing the dishes.* »
- « *Now, it's a quarter to eight. Mrs. Green is having her shower./ Mrs. Green is having a shower. Now she's getting dressed./Now she's dressing. She's brushing her teeth./ She's cleaning her teeth. Now she's doing/combing her hair.* »
- « *It's eight o'clock. Mr. & Mrs. Green are putting on their coats. They are leaving the house. They are going to work.* »

Si les élèves trouvent cela facile, nous pouvons compliquer l'histoire en donnant plus de détails, ou la continuer en les faisant marcher jusqu'à la gare, attendre le train et le prendre. Sinon ce sera pour un autre jour (lire plus loin)...

Passage à l'écriture
Une fois l'histoire orale terminée, j'écris le chiffre 1 dans le coin en haut à gauche du tableau et, en tendant le marqueur aux élèves, je demande silencieusement à des volontaires de l'écrire au tableau. Cela est également une œuvre collective. Quand un élève a fini d'écrire sa phrase, il retourne à sa place et je lève le chiffon dans une main et le marqueur dans l'autre, pour inviter ses camarades à effectuer des corrections s'ils l'estiment nécessaire. Je le fais même si la phrase est correcte, car je veux que les élèves développent des critères, et pas simplement qu'ils arrivent à la bonne réponse. Ils changent des choses jusqu'à ce que tout le monde pense que nous avons une version correcte, ou que les avis contraires soient tranchés. Si personne ne peut corriger, je commence par indiquer où se trouve le premier problème à traiter. Si personne ne peut corriger, je le fais au Fidel puis sur le panneau.

Normalement, si j'ai bien travaillé, l'histoire a été tellement dite et répétée que les élèves n'ont aucun problème pour la retrouver. Elle est retenue grâce au nombre de passages en revue.

Panneau n° 5

Introduction du temps présent
Quand nous en serons au panneau n° 5, où les déclencheurs du présent sont à disposition, il sera possible de reprendre cette histoire sous une autre forme : « *Every morning, Mr. & Mrs. Green wake up at 7 o'clock. They get up. Mr. Green goes to the bathroom and has his shower.* » Etc.

Quand l'histoire est écrite au tableau, j'efface les mots « *Every morning* » et écris « *It's seven o'clock* ». Puis j'invite les élèves à effectuer tous les changements nécessaires. L'histoire bascule dans le présent progressif/continu. De cette façon, ils prennent conscience qu'en anglais, les déclencheurs décident des temps verbaux choisis.

Extensions au présent

Je peux demander à un élève de poser à un autre la question suivante :

- « *What time do you get up every morning?* »
- « *I get up at 6 h 30 am. What about you?* »
- « *I get up at 7 h 15.* » Etc.

Une mini-conversation devient ainsi possible :

- « *If you get up at 8 h 00 am, do you have time to have breakfast?* »
- « *No I don't, I have hot chocolate. I only have hot chocolate for breakfast.* »

Au prétérit

Quand les déclencheurs du prétérit seront disponibles quelques semaines après, je lance la version suivante : « *Yesterday morning, Mr. & Mrs. Green woke up at 7 o'clock.* » Etc. Il est possible de revenir sur cette histoire de nombreuses fois sous différentes formes.

Introduction du *present perfect* et de « *will* »

Voici un contexte qui permet de joindre rapidement le « *present perfect* » et « *will* ». Cette juxtaposition permet aux élèves de mieux comprendre le rôle des deux : « *It's seven o'clock. Mr. & Mrs. Green are waking up. Now Mr. Green is having his shower. When he has had his shower, he will/'ll shave. When he has shaved, he will/'ll get dressed.* » Etc.

Avec des variantes

Le mot « *when* » peut poser quelques problèmes, car il peut signifier « avant » ou « après » selon le context. Je cherche toujours à préciser lesquels des « *when* » nous examinons : « *It's seven o'clock. Mr. & Mrs. Green are waking up. Now Mr. Green is having his shower. When/*

After he has finished having his shower, he will shave. When/After he has finished shaving, he will get dressed. When Mrs. Green has finished eating her breakfast, she will have her shower. » Etc.

La gare

Avec quelques réglettes longues, j'esquisse une plateforme dans une gare. J'en place quelques autres pour suggérer la présence d'un train qui entre en gare, et une réglette noire pour personnifier Monsieur Noir. Il arrive en gare en courant, et pourra ou non rater son train, au choix des élèves. Je fais arriver et repartir le train, alors que Monsieur Noir s'approche de la gare ou arrive sur le quai. Cette histoire peut être enrichie et modifiée à loisir et racontée à tous les temps, comme la précédente.

Ma maison ou mon appartement

Qui voudrait nous montrer à quoi ressemble sa maison en se servant des réglettes? L'élève volontaire doit fabriquer un plan comme celui des Green, en nous expliquant ce qui se passe dans chaque pièce, par exemple. On peut également demander à quelqu'un d'arriver à la leçon suivante avec un plan dessiné sur une grande feuille de papier. Cependant, les réglettes donnent la possibilité de modifier le plan si on note une erreur dans le dessin, ce qui se produit souvent.

Ma cicatrice

Qui a une cicatrice? (Je montre deux ou trois des miennes pour que le sens soit clair.) Des élèves adultes peuvent aussi connaître le film de Howard Hawks *Scarface* (1932) ou son remake par Brian De Palma (1983).) Pouvez-vous nous dire comment vous l'avez eue?

Mon accident de la circulation

Qui a eu un accident de la circulation? Pouvez-vous nous montrer avec des réglettes comment cela s'est passé?

Mon travail

En présence d'adultes, il m'arrive de demander à quelqu'un d'expliquer son travail, en dessinant son lieu de travail sur une feuille de papier ou en l'esquissant avec des réglettes. C'est intéressant avec des élèves ayant au minimum un niveau intermédiaire faible.

L'univers de «*tell*» et «*told*»

Les mots «*tell*» et «*told*» sont sur le panneau n° 5. Ils donnent accès aux élèves à des phrases de plus en plus complexes, tout en leur permettant de s'appuyer sur ce qui a été pratiqué précédemment.

Illustration

Philippe : « *Ali, take a rod!* »
Ali : « *Philippe told me to take a rod, so I took it.* »
Ali : « *Philippe said: "Take a rod", so I took one.* »
Rachid : « *Julien, take a rod and give it to Élodie.* »
Julien : « *Rachid told me to take a rod and give it to Élodie, so I did.* »
Julien : « *Rachid said: "Take a rod and give it to Élodie", so I did.* »

«*Will*» et «*can*»

Le mot «*will*» peut poser un problème à ceux qui ne savent pas vraiment comment on s'en sert. Je ne veux pas que le mot «*will*» soit assimilé au «futur» en anglais alors que cette langue n'a pas de «futur» dans le sens où la langue française en possède un. Donc, j'évite de commencer un travail sur le futur avec «*will*», pour ne pas induire les élèves en erreur. Je préfère réserver l'utilisation de ce mot pour plus tard, quand il sera possible de le travailler dans un contexte plus large. Il est préférable de lancer le travail sur ce mot avec une tout autre situation. Par exemple, on peut monter une tour de réglettes orange, debout les unes sur les autres pour ériger rapidement une structure très haute, et utiliser des phrases comme :

– «*Can I put on another rod?*
– *No, you can't. If you put another rod, all the rods will fall.* »

Cela constitue une utilisation juste de « *will* ». On peut laisser d'autres utilisations de ce mot pour plus tard.

« *Go* » et « *come* »

La présence de « *go* » et de « *come* » leur permet d'utiliser « *go out* », « *come in* » et « *go in* », « *come out* »… Je demande à une fille de sortir de la salle de classe. (Pour lancer cet univers, je choisis une fille gentille et obéissante qui ne serait jamais, au grand jamais, renvoyée de la classe, et qui se sait ne jamais être en ligne de mire !).

Illustration

— « *Élodie, go out.* »
— « *Come back in.* »
— « *Go back out.* »
— « *Come back in again.* »

(Si ce n'est pas déjà fait, c'est une bonne occasion de travailler sur les adverbes « *back* » et « *again* ».) Il faut quelques exemples pour que tout le monde saisisse le sens de ces mots, mais on peut hâter la compréhension avec des gestes — « *go* » avec un geste d'éloignement, « *come* » avec un geste de rapprochement. Une fois que tout le monde est à l'aise avec ces phrases, nous pouvons passer à un niveau plus difficile. Je sors et dis :

— « *Élodie, come out here.* »
— « *Go back into the room.* »

Ces phrases créent beaucoup de mouvement dans la classe, et plaisent aux jeunes élèves pour cette raison. La difficulté très concrète dans cet exercice est que, n'étant pas à proximité de mes panneaux quand je sors de la salle, je dois dire les phrases ou les montrer. C'est très exceptionnel. Dès que c'est possible, ce sont les élèves qui pratiquent la langue et qui donnent les instructions.

« *Like* »

Bien sûr, le mot « *like* » est à disposition depuis l'affichage du panneau n° 3, mais je ne conseillerais pas aux enseignants de s'en servir immédiatement, car sous forme de question, il ouvre la voie à une multitude de possibilités, et ainsi à une course au vocabulaire pour pouvoir dire tout ce qui vient à l'esprit des élèves. C'est une question ouverte ; or, à ce niveau, les questions ouvertes présentent un danger. Mes élèves n'ont pas assez de vocabulaire pour répondre trop tôt aux questions ouvertes du type « *What do you like?* » ou « *What is it like?* ».

« *Like* » permet d'apprendre à se connaître les uns et les autres avec des phrases commençant par « *I like* », « *I don't like* » « *Do you like* ». Il est possible de travailler quelques heures sur ces structures. « *I like this colour* », « *I like chocolate* », « *I like Mars bars* », « *I like Mozart* », « *I don't like Johnny Hallyday* ».

Des phrases comme « *My rod is blue, like yours* » ou « *I like Mozart, but I prefer Schubert* » sont envisageables, à condition toutefois d'avoir introduit auparavant « *prefer* » pour la seconde phrase. Voilà un mot utile, car le rythme est « à la française », avec l'accent tonique sur le second battement.

En ajoutant un « s » à « *like* » pour avoir « *he likes...* », j'ouvre un autre univers. Pour les informer de cet ajout, je pointe sur le panneau n° 1 le « –s » vert clair. Puis j'utilise « *does* » sur le panneau n° 2 avec « *does he like...?* » et « *do you like?* ». Il est primordial d'introduire la forme interrogative seulement lorsque les élèves ont déjà travaillé des éléments de réponses possibles.

J'insiste pour que toutes les phrases fassent référence à des choses ou situations réelles. Je ne permets pas non plus à la classe de passer à une nouvelle phrase tant que la précédente n'est pas correcte. Toutes les phrases sans exception doivent partir de situations vraies et finir par être correctes. C'est la seule façon d'assurer que des critères de justesse dans la langue soient établis. La phrase doit être ajustée à la réalité de la vraie vie.

Troisième stade : la conversation ouverte

Ce stade émerge lentement de l'étape précédente, et les deux coexistent pendant la plupart du cours. Une fois que les conversations deviennent possibles, je reviens au stade 2 seulement pour illustrer un temps complètement nouveau. Cela se produit *a priori* de plus en plus rarement. Ce stade est illustré avec une classe d'élèves de niveau intermédiaire faible au chapitre 14.

CHAPITRE 12

Le panneau **C** : la numération

```
seven   two   four   one
eight   nine   ten   a   ~ty
forty   three   six   ~teen
twenty   eleven   twelve
five   and   thirteen   ~ieth
thirty   eigh   fif   nin   ~th
thousand   times   twelf
million   hundred   billion
second   minus   third   plus
```

Panneau **C**[1]

Ce chapitre donne un petit aperçu de ce qu'il est possible d'introduire en se servant des chiffres et des nombres. Ce travail doit commencer très tôt après le début de l'année ou du cours et se construit sur plusieurs séances.

Voici le tableau de la numération tel qu'il se présente à l'issue de plusieurs leçons[2]. Je vais construire ce tableau au fur et à mesure, sachant à quoi il devra ressembler à la fin du travail :

---

1. Word Chart C of the Silent Way language program © Educational Worldwide Solutions Inc., 2011. All right reserved.
2. Gattegno, C., *The Common Sense of Teaching Mathematics*, Educational Solutions, U.S., 1974, p. 14.

		,	,	,	,	,		
1	2	3	4	5	6	7	8	9
11	12	13	14	15	16	17	18	19
10	20	30	40	50	60	70	80	90
100	200	300	400	500	600	700	800	900
100								
	832,	646,	981,	321,	764,	324		

État du tableau à la fin du travail

Je sais qu'il est difficile pour mes élèves de se rappeler tous ces mots, et je chercherai à simplifier leur tâche autant que possible. C'est un domaine où la simplification est réellement facile.

La construction du panneau est présentée par étapes. Quelques exercices sont ensuite présentés pour lesquels aucun ordre n'est requis.

Les chiffres jusqu'à 9

J'écris au tableau les trois chiffres 1, 2 et 3 à leur place dans le tableau. Je montre le chiffre 1, puis j'indique les sons qui permettent de le prononcer sur le panneau sons/couleurs. Je fais de même pour 2, puis pour 3. Je fais répéter toute la classe ensemble, en variant l'ordre des trois chiffres ; le but est que mes élèves apprennent le nom de chaque chiffre individuellement, et non la litanie 1, 2, 3, etc. Je suis souvent frappée par le fait que les élèves ayant étudié l'anglais ailleurs ne peuvent les nommer qu'en comptant depuis le début. Je voudrais au contraire qu'ils puissent nommer chaque nombre individuellement, comme dans leur langue.

Quand les élèves sont à l'aise avec ces trois chiffres, j'en ajoute un quatrième, qui n'est pas nécessairement le 4, car je ne suis pas obligée de les traiter dans l'ordre. Souvent, pour une classe de francophones, je choisis ensuite le 8, car il faut beaucoup de pratique avec la voyelle, ou le 7, car celui-ci fournit une bonne occasion de travailler le rythme. Il peut être utile de travailler le 9 immédiatement après le 5 par exemple, car la voyelle est la même. Je fais pratiquer les quatre que nous avons, les cinq, les six, ainsi de suite, jusqu'à ce que les neuf chiffres soient au tableau, comme ci-après. Je pointe les chiffres toujours dans le désordre, ou exceptionnellement dans l'ordre et, au fur et à mesure que les élèves prennent de l'aisance pour les dire, j'accélère le pointage. La vitesse de mon pointage sera au maximum de ce que la classe est capable de faire à un moment donné.

Voici l'état du tableau noir à la fin de cette étape, qui a duré quelque dix ou quinze minutes.

1   2   3   4   5   6   7   8   9

Pour finir, j'affiche le panneau de mots correspondant, le C, et demande aux élèves de chercher ceux qu'ils viennent d'apprendre. Ils doivent pouvoir le faire facilement. Si nécessaire, en cas de difficulté, je fais pointer par les élèves sur le panneau sons/couleurs le chiffre qui pose problème avant de chercher le mot écrit. Cette éventualité est cependant peu probable.

Les nombres jusqu'à 99

Deux lignes au-dessous de la première, exactement sous 6, j'écris un 0. Je montre sur le panneau de mots le suffixe « -ty ». Puis je fais « glisser » virtuellement le 6 de la première ligne jusqu'à sa place dans cette nouvelle ligne, juste devant le 0, et je l'écris à cette place : « *sixty* ». Les élèves doivent pouvoir dire spontanément « *sixty* ». Quand ils y parviennent, j'ajoute 70, puis 80 et 90, et ensuite 40. Je travaille ces cinq nombres jusqu'à ce que tous les élèves soient à l'aise.

En partant de 60 de nouveau, je fais dire aux élèves le mot « 60 », puis glisse le pointeur de 60 jusqu'au 6 sur la ligne du dessus pour faire dire «*60... 6*». Je leur demande de le dire rapidement, ce qu'ils font : «*sixty-six*». Je travaille toutes les possibilités de 61 à 69 en montrant le 60 sur la ligne du bas, puis les unités dans la ligne du haut. En somme, je saute de la troisième ligne à la première ligne du tableau fini pour varier l'unité.

Puis je travaille les quatre autres dizaines de la même manière. Je fais dire tous ces nombres en montant et en descendant — 99, 98, 97, 96, 92, 91, 92, 93, 95, 96, 94, etc. Je varie ensuite l'ordre de pointage, car je ne veux pas que les élèves soient obligés de réciter la litanie pour arriver à un nombre quelconque.

Je mets une petite ligne horizontale au-dessous du 5 dans la ligne des unités (pour indiquer que le passage de 5 à 50 n'est pas automatique), j'ajoute 50 dans la ligne des dizaines et je montre la prononciation sur le panneau sons/couleurs. Les élèves travaillent les nombres de 51 à 59 dans un ordre différent ou dans l'ordre, en suivant mon pointeur.

Je procède de la même manière pour 30, puis pour 20. À ce moment-là, mes élèves peuvent dire tous les nombres de 1 à 9 et de 20 à 99. J'opère comme précédemment pour les faire gagner en aisance avec toutes les combinaisons entre les lignes de nombres.

J'ajoute 10 en début de cette ligne des dizaines, et montre le mot :

I	2	3	4	5	6	7	8	9
10	20	30	40	50	60	70	80	90

État du tableau à la fin de l'exercice

Une fois que la prononciation semble acquise, les élèves doivent chercher l'orthographe de tous ces mots à l'aide des panneaux de mots. Ils la retrouvent facilement, car les couleurs facilitent cet exercice. En cas de doute, je les fais pointer sur le panneau sons/couleurs et ils cherchent les mêmes couleurs sur le panneau de mots. Je ne pointe pas moi-même lors de cet exercice. Si je dois le faire, c'est un signe qu'il y a eu un problème avec ma présentation. À moi de trouver quoi. Voilà un exemple de cas à étudier lors de ma « postparation ».

La ligne des « -teen »

J'écris juste au-dessous du 6 de la première ligne de chiffres un 1 et je montre sur le panneau sons/couleurs les sons pour « -teen ». Je fais « glisser » virtuellement le 6 de la première ligne derrière le 1 de la deuxième ligne, mais je signale aux élèves de ne rien dire, car la logique voudrait qu'ils disent « teen-six ». Je lève la main, paume vers les élèves, index et majeur étendus, et je tourne la main paume vers moi pour indiquer qu'il faut inverser l'ordre des éléments du mot pour dire « sixteen ». Je peux aussi placer mes doigts vers le nombre 16 au panneau, un doigt sous chaque élément, « posant » virtuellement le « six » sur un doigt et le « -teen » sur l'autre pour bien indiquer que c'est ceci qu'il faut inverser. Puis je retourne ma main.

Je continue avec 17, 18, 19, et 14.

La petite ligne horizontale en dessous du 5 dans la ligne des unités indique que le passage n'est pas automatique. J'ajoute 15 dans la ligne des « -teen » et demande aux élèves de deviner. Le plus souvent ils peuvent le faire, car ils possèdent déjà « fifty ». Sinon, je montre la prononciation sur le panneau de rectangles. Je fais de même pour 13. Je suis obligée de pointer 12 et 11 sur le panneau sons/couleurs, bien sûr.

Voici l'état de mon tableau à la fin de cette étape.

I	2	3	4	5	6	7	8	9
II	12	13	I4	15	16	I7	I8	19
I0	20	30	40	50	60	70	80	90

Travail supplémentaire pour de jeunes enfants comptant avec difficulté en français[1]

Quand ils comptent, les jeunes enfants ont souvent des problèmes pour passer d'une dizaine à l'autre. Ils peuvent, par exemple, aller à toute vitesse entre 21 et 29, mais éprouver de la difficulté à changer de dizaine.

C'est pourquoi il est utile de faire compter les enfants à tour de rôle, chacun disant un nombre. J'indique quel enfant doit dire le nombre suivant. Une fois que l'habitude est prise de compter dans l'ordre croissant, je peux leur demander de compter en descendant. Dans un troisième temps, on peut accentuer les passages des dizaines. Ainsi : « *26, 27, 28, 29, 30, 31, backwards!* » ; « *30, 29, 28, 27, forwards!* » ; « *28, 29, 30, 31, 32, backwards!* », etc.

On peut aussi commencer ailleurs qu'avec 1. Je peux lancer la classe à 52, 53, 54, etc., et un peu plus tard, à 122, 123, etc. Il est également possible de compter de la manière suivante : « *Émilie, tu dis le premier ; toi, Élodie, tu penses au nombre suivant, mais tu ne le dis pas, et toi, Léa, tu dis le nombre d'après...* » Cela donne 1,... 3, ... 5, ... etc., ou, en inversant, ..., 2, ..., 4, ..., 6. Cela constitue une bonne façon d'entrer dans la table de multiplication par deux. Il peut être utile que l'enfant qui saute son nombre manifeste un petit bruit, un petit grognement par exemple, pour montrer que son tour est passé.

Avec des enfants un peu plus âgés, on peut compter en sautant deux nombres : ..., ..., 3, ..., ..., 6 ; cela constitue une entrée dans la table de multiplication par trois.

---

1. Ces jeux ont été suggérés par Maurice Laurent dans le cadre de l'enseignement des mathématiques aux très jeunes enfants. Ce professeur de mathématiques et de français qui travaillait à l'école internationale de Genève avant de prendre sa retraite est l'un des formateurs à Une éducation pour demain, responsable de l'enseignement des mathématiques et de la grammaire française. Il est l'auteur de deux livres sur l'enseignement de la grammaire.

Travail supplémentaire : un peu de calcul mental

Pour commencer, je donne à ma classe le mot « *equals* ». Je pointe ce mot sur le panneau sons/couleurs et j'écris le symbole « = » au tableau. À présent nous sommes prêts à commencer le jeu.

Je propose à la classe deux opérations ayant les mêmes nombres mais qui peuvent fournir deux réponses différentes selon la lecture, comme celles qui suivent. Je les écris l'une au-dessous de l'autre.

$$4 \times 3 + 7 = 19$$

$$4 \times 3 + 7 = 40$$

Souvent, la classe proteste quand ces deux calculs sont écrits au tableau. Je ne dis rien. Rapidement, quelqu'un comprend la différence de lecture qui sous-tend les deux réponses à la même proposition. Le moment de cette compréhension est toujours audible, car on ressent une certaine excitation dans la classe face au problème posé. Je demande à l'élève qui a compris de nous lire l'une des deux opérations jusqu'au mot « *equals* ». Si la phrase est bien lue, la classe sera en mesure de compléter le calcul avec la réponse qui convient. Le phrasé ou le rythme de la première proposition doit être $(4 \times 3) + 7 = 19$ « *four times three* (pause) *plus seven* (pause) *equals nineteen* » alors que celle de la deuxième est $4 (3 + 7) = 40$ « *four times* (pause) *three plus seven* (pause) *equals forty* ».

Des soustractions peuvent être lancées avec un minimum de vocabulaire. Je donne $6 - 4 = 2$ « *Six minus four equals two* » et les élèves construisent leurs propres opérations à partir de cette information.

On peut s'amuser avec de tels calculs pendant un certain temps. C'est une belle occasion de laisser les élèves proposer leurs propres opérations aux autres élèves. Je peux me mettre en retrait et me contenter de ne rien faire d'autre que vérifier les calculs.

À l'aide des panneaux de mots, je fais chercher les graphies des mots nouveaux, «*plus*» et «*minus*» une fois que la prononciation semble acquise. Les élèves retrouvent toujours facilement la bonne orthographe. Si une difficulté se présente, je fais pointer par les élèves la prononciation sur le panneau sons/couleurs, puis reprendre le travail sur le panneau de mots. «*Equals*» n'est pas disponible sur le panneau de la numération.

Travail sur le rythme en utilisant les nombres

Comme il a déjà été dit, une des particularités de la langue anglaise est son rythme très marqué. On disait jusqu'à récemment que c'était une langue «*stress-timed*», c'est-à-dire que les accents tombent toujours régulièrement. Ce n'est pas tout à fait vrai, mais pour des élèves francophones, il est utile de travailler comme si c'était le cas, pour qu'ils puissent bien se rendre compte du rôle si important du rythme dans cette langue. Donc ce qui suit est exagéré par rapport à la langue, mais utile d'un point de vue pédagogique.

Le comptage constitue un excellent moyen d'arriver à travailler le rythme. Le «schwa» est la cause du problème. Il faut absolument s'éduquer à l'entendre et à savoir le dire. Nous allons donc en ajouter beaucoup.

J'établis un rythme stable à l'aide d'un métronome ou simplement d'un petit bout de bois tapé sur la table. Il faut un rythme régulier et assez lent. Je fais compter jusqu'à 10 sur ce rythme. Ce n'est pas la peine d'aller plus loin que 10.

À présent, je fais compter jusqu'à 10 en insérant le mot «*a*» entre chaque nombre : «*a one, a two, a three, a four...*».

Puis, à l'aide de différents mots, j'augmente le nombre de battements entre chaque nombre. Les nombres doivent toujours être dits en même temps que le battement du métronome, qui ne change jamais de tempo. Voici quelques exemples, le rythme s'accélérant, les «contre-battements» se multipliant au fur et à mesure (les points représentent le «schwa», alors que les traits obliques représentent l'accent tonique) :

a 1, a 2, a 3, a 4, a 5, etc. •/ •/ •/ •/
and a 1, and a 2, and a 3,etc. •• / •• / •• / •• / •• /
and a 1 little, and a 2 little, and a 3 little, etc. ••/•• ••/•• ••/•• ••/••
1 little, 2 little, 3 little, etc. /•• /•• /•• /••
1 little pig, 2 little pigs, 3 little pigs, etc. /••• /••• /••• /•••
1 little pig, and 2 little pigs, and 3 little pigs, etc. /••• •/••• •/•••

Voici un petit dicton bien connu des anglophones : «*One potato, two potatoes, three potatoes, four; five potatoes, six potatoes, seven potatoes, more.*» Dans ce cas, le mot «*potato*» est prononcé avec un «schwa» pour le dernier battement. C'est avec des ritournelles comme celle-là que les jeunes anglophones apprennent à prononcer leur langue. Dans notre exemple, le deuxième battement de «*potatoes*» est secondaire et n'est pas accentué :

/••• /••• /••• / /••• /••• /•••• /

Ces exercices sont parmi les plus importants pour le travail sur la prononciation de l'anglais.

Les dates en anglais

J'écris un peu partout sur le tableau deux sortes de nombres : d'une part, des nombres jusqu'à 19, d'autre part, des nombres entre 1 et 99. Je demande à la classe de les dire au fur et à mesure que je les écris. Quand le tableau est assez chargé de nombres, je continue à en ajouter, mais je commence à les placer près les uns des autres, de façon que, par exemple, 19 soit suivi par 56, que je vais faire dire, dans quelques instants, « *nineteen fifty-six* ».

Quelquefois, je place la tranche de la main entre les deux moitiés de la date et la roule sur la tranche, à gauche ou à droite, pour faire dire la partie de la date de l'année que je veux obtenir. Je fais dire 19, le cache en roulant ma main, et fais dire 56. Une fois que tout le monde sait dire 19 suivi de 56, je fais prendre de la vitesse pour arriver à la date 1956 — « *nineteen fifty-six* » —, prononcé comme une unité.

À présent, je peux compléter toutes les moitiés de dates qui attendent sur le tableau, en faisant dire la date à chaque fois. Je continue à ajouter des dates, mais en rapprochant la première partie de la seconde pour donner davantage l'impression visuelle de dates; je ne retourne pas en arrière changer celles qui sont déjà au tableau. Si une difficulté se présente, je place ma main sur la tranche verticalement entre les deux moitiés de la date et la fais rouler de gauche à droite ou inversement, de façon à couvrir chaque moitié examinée, cela afin de clarifier ce qu'il faut dire.

```
                                    19 39
              16 66          2020          17      98
14 92      1398          18 65          1191       2011
           17 10      12    15                     13      52
           18    48                19 92           12 10
      20 08                19 41                   2015
16 03  15  15    10    66              17    89
           20 10          987              16    00
```

L'état du tableau à la fin du travail

Il reste à travailler les dates de type 2008 — « *two thousand and eight* » —, qui sont irrégulières par rapport aux autres dates.

Plus tard, j'insère une virgule dans une date, ce qui donne «1,956» —
«*one thousand nine hundred and fifty-six*» —, alors que 1956 se dit
«*nineteen fifty-six*». Dans un cas, il s'agit de la date, dans l'autre, il s'agit
d'un nombre. On peut passer quelques minutes à transformer les dates
en nombres et vice versa. Il suffit d'ajouter ou d'enlever la virgule.

Les nombres au-delà de 99

Sur la quatrième ligne, au-dessous de 6, j'écris oo. Je fais dire «*hundred*», en pointant sur le panneau sons/couleurs. Je place un 6 devant.
Les élèves devraient dire «*six hundred*» sans problème. J'ajoute tous
les autres nombres de cette ligne. Il n'y a pas d'irrégularité si je fais dire
«*one hundred*» pour 100.

J'adjoins en dessous de 100 une seconde fois 100, qui sera dit «*a hundred*», la variante de ce nombre.

À présent, je trace une petite ligne pointillée juste au-dessus de la ligne
des centaines et, en me servant du panneau sons/couleurs, je fais dire
«*n*», qui correspond à une forme très réduite de «*and*». Je propose
un grand nombre de combinaisons avec les lignes du dessus pour que
le «*n*» soit bien intégré : «*nine hundred n sixty seven*». Pour 100, je
fais dire tantôt «*one hundred*» tantôt «*a hundred*» pour montrer la
variante possible.

Une fois que la prononciation semble acquise, il faut travailler l'orthographe de tous ces mots à l'aide du panneau C. Je fais venir un élève
au panneau de mots, et je me place au tableau. Je pointe un nombre,
et l'élève au panneau doit le toucher écrit en toutes lettres. Dès que les
élèves comprennent comment ce jeu se joue, je passe mon pointeur à l'un
d'eux. Au bout de quelques minutes, je reprends le pointeur et montre
par exemple «*fifty*» et «*five*». Selon la classe, les élèves développent le
jeu d'eux-mêmes. S'ils ne le font pas, je place la barre un peu plus haut

dès que le défi devient trop simple en rallongeant les nombres. Ensuite, ce sera aux élèves de pointer de grands nombres en toutes lettres. À la fin de ce travail, tous les élèves doivent pouvoir toucher un nombre tel que « *two* », « *hundred* », « *and* », « *six* », « *-ty* » « *seven* » sans difficulté.

Il ne faut pas oublier de faire pointer quelques exemples avec les deux formes de 100.

Les très grands nombres

Une fois que les élèves peuvent dire facilement les nombres à trois chiffres suivant un pointage vertical sur le tableau ci-dessus, je commence à écrire des séries de nombres à l'horizontal sur le tableau pour qu'un transfert ait lieu vers une écriture normalisée : 987 256 368, etc.

Je pose ces séries de trois au hasard par-ci, par-là sur le tableau, mais au fur et à mesure que le tableau se remplit, je fais en sorte que certaines séries se suivent de près pour une utilisation ultérieure...

Au-dessus de la première ligne de nombres, je place une virgule. Elle symbolise « *thousand* », qui est matérialisé en anglais de cette manière.

Je choisis une série de centaines bien alignées, et fais dire au groupe les trois nombres se trouvant le plus à droite, dans l'exemple ci-dessus, 368, puis le groupe de trois immédiatement à gauche du premier, dans mon exemple 256. Puis je descends virtuellement la virgule « *thousand* », je la matérialise entre les deux groupes et indique que nous allons considérer qu'ils ne font plus qu'un, ce qui permet de dire le nombre « 256, 368 » — « *two hundred 'n fifty-six thousand* (pause) *three hundred 'n sixty eight* ». Cela ne devrait poser aucun problème, car la seule nouveauté est le mot « *thousand* », qui est bien matérialisé par la virgule.

Au-dessus de la première ligne de chiffres, je place une seconde virgule à gauche de la première. Elle symbolise « *million* » qui est toujours représenté par une virgule en anglais.

J'ajoute à mon groupe une nouvelle série de trois chiffres à gauche de la série précédente et fais dire (par exemple) : 987, 256, 368.

Je continue de la sorte jusqu'à tout le monde puisse dire 941, 654, 963, 987, 256, 368 ou n'importe quelle combinaison de dix-huit chiffres. C'est très facile si l'on sait nommer les différentes virgules « *thousand* », « *million* », « *billion* », « *trillion* » et « *quadrillion* ». La troisième virgule à gauche symbolise « *billion* », la quatrième à gauche « *trillion* » et la cinquième à gauche « *quadrillion* ». Les mots « *trillion* » et « *quadrillion* » ne figurent pas sur le panneau de mots, mais le panneau sons/couleurs nous permet de les pointer.

En fait, il suffit de savoir dire n'importe quel nombre inférieur à 999 pour se lancer dans les très grands nombres. Or, nous savons le faire depuis plusieurs jours déjà !

I	2	3	4	5	6	7	8	9
II	I2	I3	I4	I5	I6	I7	I8	I9
10	20	30	40	50	60	70	80	90
100	200	300	400	500	600	700	800	900
100								

832, 646, 981, 321, 764, 342
987, 654, 963, 852, 357, 117
941, 654, 963, 987, 256, 368

État du tableau à la fin de cet exercice

En ajoutant le mot « *point* », je peux lancer des combinaisons plus longues encore avec : 159, 268, 357, 456, 963, 852.147587456328.

Les élèves sont surpris de découvrir qu'en anglais, ce qui suit la virgule n'est pas structuré comme ce qui la précède. On dit la suite d'unités : « *one, four, seven, five, eight, seven,* etc. », dans l'exemple ci-dessus.

Pour finir, je fais chercher les mots du moment sur le panneau de mots. Je demande que soient écrits au tableau « *trillion* » et « *quadrillion* », qui ne figurent pas sur le panneau de la numération. Il est important de les faire pointer sur le panneau sons/couleurs, car il est si tentant de les lire « à la française »...

À la fin de chaque étape, il est possible de demander aux élèves de pointer les phrases ou les mots qui ont été prononcés lors de la séance du jour sur les panneaux et affiches visibles.

La numération sert de base pour un grand nombre de situations de travail ; en avoir une bonne connaissance facilite donc le travail des élèves dans de multiples domaines. Dans le chapitre suivant, nous verrons quelques-unes de ces situations.

Les nombres ordinaux

Comme nous aurons besoin des nombres ordinaux pour le calendrier, je consacre une séance à les mettre en circulation.

Les élèves ont peut-être déjà acquis « *first* » et « *second* », puisque « *first* » arrive sur le panneau n° 4, et « *second* » a pu être introduit dans le cadre de l'heure. En tout cas, ils ne posent pas de problème particulier. « *Third* » est difficile à prononcer, et nous donne une occasion de revenir sur la prononciation du son « th » si nécessaire. De toute façon, les nombres ordinaux nous permettent de fournir un travail soutenu sur ce son. Les seules difficultés se situent à « 8th », où un /t/ supplémentaire, ajouté avant le « th », aide à dire le mot en ajoutant une certaine fermeté à cette combinaison, et sur les dizaines, où un « schwa » supplémentaire s'insère.

CHAPITRE 13

Expression du temps et de l'heure

until summer ago still date winter month time spring early while year day autumn soon hour noon week o'clock may night mid minute born tomorrow late moment yesterday half evening quarter morning today	Mon Tues Wednes ~day Thurs Fri Satur Sun Novem Octo Decem ~ber Septem July April bi~ August March January season May February century June vacation holiday father weather whether family mother
Panneau A[1]	**Panneau B**[1]

Avant de commencer les propositions de travail présentées dans ce chapitre, je m'assure que la numération des petits nombres est bien en place. Je démarre alors le travail avec le panneau B, et continue avec le A. Il est plus facile d'introduire les jours de la semaine et les mois de l'année d'abord, avant de passer à la construction des phrases. Le vocabulaire du panneau A sera utile pour le travail sur le B.

L'économie de l'apprentissage

Gardons également à l'esprit que l'apprentissage du vocabulaire coûte énormément d'énergie humaine, et que ce sont les élèves qui doivent la dépenser. Je suis attentive à ne pas trop exiger d'eux et les aide à

---

1. Word Chart A and B of the Silent Way language program © Educational World-wide Solutions Inc., 2011. All right reserved.

trouver si possible des raisons logiques à telle ou telle suite de mots. Je travaille autant que possible avec, en arrière-plan, cette recherche de logique, en essayant à tout moment de démontrer les systèmes de relations de la langue anglaise. Le fait même de pouvoir deviner un mot que l'on ne connaît pas indique que ce mot entre dans une logique quelconque. Aux élèves d'essayer de la découvrir.

Or dans le travail qui sera décrit dans ce chapitre, nous sommes dans des univers où il est souvent facile de deviner. L'idée de faire deviner les élèves provient d'un désir d'activer leur intelligence et leur esprit de recherche. Je veux qu'ils essayent de déduire, à partir de chaque situation, ce qu'il est possible d'y trouver. Il n'est pas important qu'ils arrivent chaque fois à trouver la réponse attendue. Il s'agit de les aider à acquérir une attitude de travail, non de les confronter à des difficultés insurmontables, au risque de les démotiver. Les moments pendant lesquels je les invite à deviner servent à faire réfléchir les élèves et à maintenir le caractère ludique de l'activité. Je veux leur éviter l'impression qu'ils sont « nuls », parce qu'ils n'ont pas réussi à trouver « la bonne réponse ». Au contraire ! À tout moment, si personne ne trouve la réponse rapidement, je donne le mot ou l'expression. Mais lorsque je suis convaincue qu'il leur est possible de deviner la réponse, je leur offre l'opportunité de la trouver avant de la donner, et ils doivent jouir d'un temps suffisant pour la découvrir, autant que possible, par leur propre réflexion. Comme disait Caleb Gattegno : « *I don't teach, I let them learn.* »

Bien entendu, pendant tous ces exercices, je reste silencieuse. J'interviens dans le travail des élèves seulement en disant des phrases comme « *Essayez de deviner, vous pouvez trouver* » ou « *Qui veut tenter ?* ». Je donne des indications de prononciation comme « *Mettez l'accent sur la troisième* [syllabe] » ou « *Placez plus d'énergie au milieu du mot* ». Excepté ce genre de commentaire, je ne dis rien.

Pour tout ce qui suit dans ce chapitre, je dois disposer d'une table sur laquelle poser des réglettes ; celles-ci doivent être facilement visibles de tous les élèves. Il faut compter environ une heure par section. Cependant, il est souvent possible d'interrompre une quelconque étape de ce travail et de la reprendre quelques heures voire un ou deux jours plus tard. Commençons !

Les mois

Je couche sur une table douze réglettes de quatre couleurs : trois blanches, trois vert clair, puis trois jaunes, et enfin trois marron. Cette disposition est à l'envers pour moi, à l'endroit pour les élèves.

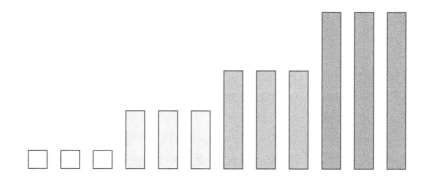

Je fais compter les réglettes (en anglais) de façon que tout le monde sache qu'il y en a douze.

Puis je prends l'une des réglettes blanches et la pose de l'autre côté des marron.

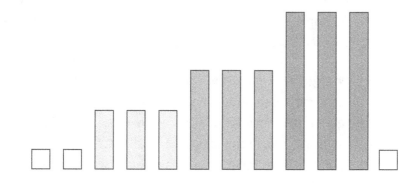

Ces réglettes représentent les mois de l'année, puis les quatre saisons.

Je commence par la première réglette marron et la nomme «*September*», en pointant les sons sur le panneau sons/couleurs et en indiquant l'accent tonique. Le mot est ensuite pointé sur le Fidel, et dit plusieurs fois par les élèves, jusqu'à ce qu'ils placent convenablement l'accent tonique et les «schwa» qui en découlent.

Ensuite, je pointe la deuxième réglette marron et encourage les élèves à deviner, en leur disant qu'ils peuvent trouver eux-mêmes la réponse. Le plus souvent, quelqu'un trouve «*October*». Sinon, je le donne. Dans ce cas, je fais remarquer que «*c'était facile à trouver, n'est-ce pas?*».

De la même manière, je travaille «*November*» et «*December*», ce dernier étant représenté par la réglette blanche à droite. Les élèves doivent pouvoir deviner ces deux mots. Le deuxième battement du mot «*December*» sera peut-être «nasalisé». Si c'est le cas, il suffit de travailler le deuxième battement seul pour le corriger. Je place le mot sur un doigt, chaque battement occupant une phalange, et je corrige le deuxième battement avec des indications comme: «*Dites-le en anglais! Non, là, j'entends du français "em", mais il faut le dire en anglais!*»

À présent, je remonte à «*August*», «*July*» et «*June*», symbolisés par les trois réglettes jaunes, puis à «*May*», «*April*» et «*March*», en vert clair. Il est possible de faire deviner «*May*» et «*March*», avec un geste pour suggérer la diphtongue de «*May*» et en «pinçant» avec ses doigts la fin de «*March*» pour obtenir le son correct.

Restent «*February*» et «*January*». Puisque nous avons commencé par remonter les mois depuis la fin de l'année, je commence avec «*February*», qui se prononce en quatre battements: /**feb** ru ə ri/. Je montre la prononciation sur le panneau sons/couleurs. Puis j'utilise mes doigts pour ce mot. Je lève l'index de ma main gauche (je suis droitière) et le plie. Ensuite, j'attribue une phalange à chaque battement : /feb/ à la phalange qui porte l'ongle du doigt, /ru/ à la suivante, qui est tenue à l'horizontale, /ə/ sur celle qui mène à la bosse sur ma main, et enfin je montre /ri/ sur le dos de ma main, sur la partie alignée avec l'index. Ainsi, chaque phalange représente un battement et je suis en mesure de séparer chaque battement du mot pour en préciser la prononciation. Je peux faire dire les différentes parties de ce mot dans n'importe quel ordre, simplement en indiquant quelle phalange les élèves doivent dire. Ainsi, je peux organiser une longue pratique de ce mot, battement par battement ou ensemble. Il suffit de toucher la première phalange un peu plus fort pour suggérer l'accent tonique du mot.

Pour «*January*» (/**dʒæn** ju ə ri/), j'utilise la même technique. Il y aura deux changements à effectuer par rapport à «*February*» pour obtenir ce mot : il faut changer «Feb» en «Jan» et /ru/ en /ju/. La fin des deux mots est identique. Je ne montre surtout pas l'orthographe de ces deux mots avant que la prononciation soit bien en place.

Nous passons un certain temps à nous exercer sur le nom des mois, dans l'ordre (pour nous, en remontant de la fin de l'année), puis en ordre inverse (du début à la fin), enfin dans le désordre. Puisque chaque mois occupe une réglette, les élèves peuvent prononcer son nom quand je touche la réglette correspondante.

Les saisons

Il suffit de regrouper les réglettes par couleurs, en déplaçant «*January*» et «*February*» vers «*December*» pour introduire les notions de «*spring*», «*summer*», «*autumn*» et «*winter*».

Selon le niveau de la classe et le moment de l'année choisi pour cette activité, et donc le vocabulaire déjà à disposition, il est ensuite possible de commencer des phrases.

Illustration

« *There are four seasons in a year: spring, summer, autumn and winter.* »
« *November is in autumn.* »
« *July is in the middle of summer.* »
« *Which season do you prefer?* »
— *I prefer winter, but I like spring too.*
— *I hate winter. It's too cold for me.* »

Il peut être tentant d'ajouter du vocabulaire lors de cette fin de séance, mais je ne cède pas à cette tentation. Je me donne comme règle de ne jamais introduire plus d'un seul mot inconnu dans une phrase. Il sera toujours possible de revenir à cette activité plus tard dans l'année, quand on pourra étendre la gamme des phrases si de nouveaux mots sont disponibles. Ce sera même bénéfique, parce que les élèves pourront aborder à nouveau les saisons et les mois, si jamais c'était nécessaire. Donc pas de précipitation pour élargir le vocabulaire !

Les jours de la semaine

Je place sept réglettes blanches sur la table, et une rouge sur celle qui représentera le jour de la semaine qu'il est réellement quand je propose cet exercice. La semaine anglaise débute le dimanche et non le lundi.

Voici la disposition si nous sommes un mercredi.

Je commence par faire compter le nombre de réglettes posées sur la table : sept. Ce simple fait peut en soi donner une idée aux élèves de ce dont il va s'agir maintenant, surtout si nous avons déjà compté les douze mois. Je lance l'étude par le jour de l'exercice, en utilisant mes phalanges pour placer les battements dans le travail sur la prononciation. Les élèves se rendent rapidement compte qu'il suffit de se rappeler le début de chaque mot, car «-*day*» est à acquérir une seule fois pour tous les jours de la semaine.

Je n'oublie pas que le nom des sept jours de la semaine est arbitraire pour les élèves. Au septième mot, ils sont à la limite de leur capacité de se souvenir de ces éléments. Je passe le temps qu'il faut pour m'assurer que tout le monde sait dire et écrire tous les mots.

Pour finir, il est possible de lancer des phrases comme « *There are seven days in a week*» et, si le travail nécessaire a déjà été fait, «*Sunday is the first day of the week*», « *We go to school on Mondays, Tuesdays, Wednesdays, Thursdays and Fridays, but never on Saturdays or on Sundays*». Cette dernière phrase sera l'occasion d'apprendre que le début de la semaine anglaise est bien «*Sunday*» et non «*Monday*» comme en France.

Pour ceux qui aiment chanter, la chanson de Petula Clark *Never on a Sunday* est excellente à ce moment de l'apprentissage.

La date du jour

Avant de commencer, je revois la numération si nécessaire, je travaille les nombres ordinaux et vérifie sur un calendrier la date du jour de l'exercice. Je regarde quel jour de la semaine le premier jour du mois est tombé. Ainsi, mon calendrier sera exact.

Je prends une réglette de la couleur qui correspond au travail déjà effectué sur les mois. Si nous sommes en novembre, par exemple, je choisis une réglette marron.

Je couche cette réglette sur la table et pose vingt-huit, trente ou trente et une réglettes blanches de façon à représenter les jours de la semaine pour tout un mois, comme ci-après.

Je pose une réglette rouge sur « aujourd'hui ».

Dans l'exemple donné, nous sommes au mois de novembre, qui a commencé un lundi, et nous sommes le jeudi 18. Les réglettes sont posées de façon à être à l'endroit pour les élèves, donc à l'envers pour moi.

Je pointe sur les tableaux de mots la phrase suivante : « *Thursday the 18th of November* ». Je m'assure que tout le monde comprend la situation, puis je travaille les jours du mois étalé devant nous en introduisant les nombres ordinaux, toujours avec le jour et le mois : « *The 17th of November* », « *The 19th of November* ».

Des problèmes de construction peuvent se manifester pour « 1st », « 2nd », « 3rd », « 5th », « 21st », « 22nd » et « 23rd » et de prononciation pour « 20th » et « 30th ».

À la fin de ce travail, tout le monde doit pouvoir dire le jour, la date et le mois pour tous les jours de l'année. Ils doivent également pouvoir lire « 18/11/2011 » comme « *Thursday the 18th of November, two thousand*

and eleven». Je n'ai pas besoin de demander qu'ils fassent ce travail tous les jours pour le vérifier. On voit facilement à quel moment les élèves comprennent le principe. Leur aisance devient en effet audible.

Semaine par semaine

Avec la même disposition que pour l'étape précédente, je peux désormais travailler un autre aspect de l'expression du temps en anglais.

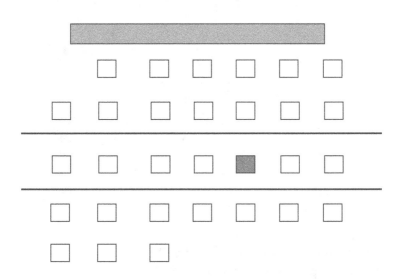

Je fais dire «*The 18th of November*», puis j'indique la semaine où nous sommes en couchant un pointeur juste au-dessus de la ligne de réglettes et un autre juste en dessous. Cette semaine est «*This week*». La semaine précédente est, bien sûr, «*last week*», et la semaine encore précédente, «*the week before last*». J'incite les élèves à essayer de deviner comment cette dernière se dira, même si personne ne trouve. Quelques-uns peuvent peut-être deviner «*the week before last*» s'ils connaissent le mot «*before*», et si l'on indique que la phrase consiste en quatre mots en levant quatre doigts. Si personne ne trouve, c'est sans importance.

Ensuite, je reviens sur « *This week* » et, de là, je passe à « *next week* », et à « *the week after next* ». Ils pourront trouver le mot « *next* » s'ils savent déjà que « *last* » est le contraire de « next », et le mot « *before* » s'ils savent que ce mot est le contraire d'« *after* ». Tout dépendra du moment dans l'année où ces séquences sont introduites.

Bien sûr, si November est « *This month* », nous passons facilement à « *next month* » et à « *the month after next* », à « *last month* » et à « *the month before last* » en posant les réglettes de la couleur choisie pour le mois en question au-dessus du mois développé, ou en au-dessous.

- *The month before last*

- *Last month*

- *This month*

- *Next month*

- *The month after next*

Les mots écrits ici à côté des réglettes ne sont jamais écrits par les élèves ; ils sont pointés seulement.

Les élèves peuvent désormais construire des phrases telles que : « *This month is November. Last month was October, the month before last was September* » ; « *Next month will be December, and the month after next will be January.* » Dans cette situation, le changement du temps verbal, le passage du présent au passé et à la forme avec « *will* » tombe sous le sens et est toujours très bien accepté par les élèves.

Si les élèves connaissent déjà la date de l'année, il est possible d'écrire au tableau l'année, 2011 par exemple, et travailler « *next year* », « *the year after next* », « *last year* », et « *the year before last* » de la même manière.

Illustration	
The year before last	2009
Last year	2010
This year	2011
Next year	2012
The year after next	2013

Certaines phrases, comme «*Last year my teacher's name was Mme Dupont*», sont peut-être possibles. Il s'agit de s'assurer que tout le monde (et non **presque** tout le monde seulement!) a bien compris ce dont on parle. Des phrases de ce genre aident à dégager le sens de façon certaine.

Bien sûr, si ce travail est lancé suffisamment tard dans l'année, les élèves sont armés pour construire des phrases comme : « *The summer before last, we went to Toulon for three weeks* » ; « *Last winter, we went to Isola 2000 for the Christmas holidays* ». (Si le mot « *Christmas* » pose un problème, alors je peux pointer « *The 25th of December is Christmas Day* » et son inverse « *Christmas Day is the 25th of December* ».)

Toutes ces phrases doivent impérativement être VRAIES. Si un élève n'est pas parti en vacances, la sienne doit être : «*Last summer, we stayed at home.*» Il y va pour chacun de la certitude de la compréhension. Les élèves savent ce que les uns et les autres ont fait pendant les vacances. S'ils entendent Marie dire : «*Last summer, we went to Toulon*» alors que tous ses amis savent qu'elle est restée chez elle, il est permis de douter du sens. Si elle dit la phrase et que ses amis savent que celle-ci correspond à la réalité de la vie de Marie, alors les mots seront beaucoup mieux retenus par tout le monde. Chaque phrase doit toujours être vraie, et deviendra correcte grâce au travail de la classe et de l'enseignant.

« Yesterday », « the day before yesterday », etc.

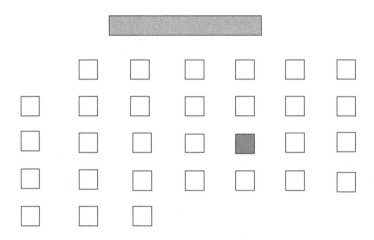

Avec la même disposition de réglettes, il est facile de travailler « today » avec une réglette rouge posée sur la blanche pour marquer le jour, puis « yesterday », « the day before yesterday », « tomorrow », et « the day after tomorrow ». Les élèves peuvent à présent construire des phrases telles que : « Today is Wednesday the 18th of November 2011 » ; « Tomorrow will be Thursday the 19th of November 2011 » ; « The day after tomorrow will be Friday the 20th of November 2011 » ; « Yesterday was Tuesday the 17th of November 2011 », etc.

Il est possible de montrer toutes sortes d'autres rapports au temps : « three days ago », « four days ago », « seven days ago » — qui est équivalent à « a week ago » —, « ten days ago », « a few days ago », « three weeks ago », « a month ago », etc. Pour l'avenir, on a « today », « tomorrow », « the day after tomorrow », « in three days' time », « in four days' time », « in seven days' time » — qui est équivalent à « in a week's time » —, « in ten days' time », « in a few days' time », etc. Les mots « month » et « year » peuvent être substitués à « day », ce qui offre de nombreuses possibilités pour exprimer la vie des élèves : « The year after next, we'll be in 6e » ; « Next year, we'll go to the St Denis Junior High School », « Next week, we'll be on holidays for two weeks ».

Chaque réglette désigne UN jour que nous montrons avec le pointeur. Si je montre une réglette qui est assez loin de la rouge, qui elle, nous ancre dans la réalité du temps, les élèves seront obligés de compter pour savoir combien de jours il faut dire. D'autres rapports au temps existent : «*a week ago*» est ponctuel, alors que «*last week*» ne l'est pas. «*Last Wednesday*» est ponctuel.

Ces différences naissent de la disposition des réglettes, de la façon de montrer les points de repère temporels, et des phrases construites par les élèves. Ces phrases doivent TOUJOURS être vraies. J'insiste sur ce point, car c'est primordial. Le sens en dépend. Je cherche à tout moment de mon enseignement à ce que le sens soit ancré profondément dans la vie de mes élèves, que ce ne soit pas simplement une traduction des mots de la langue française. Pour atteindre ce but, beaucoup de pratique est nécessaire, mais il faut surtout que ces phrases procèdent du vécu des élèves, et soient reliées fortement à leur sens de la vérité.

L'heure

Je dispose sur une table des réglettes placées de la façon suivante :

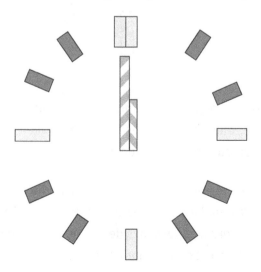

Les élèves reconnaissent immédiatement que nous allons travailler l'heure. Je place au centre du cercle deux réglettes, une bleue de 9 cm de long et une rose de 4 cm de long : elles représentent la grande et la petite aiguilles. Puis j'enlève la grande, ne laissant que la plus petite, la rose. En montrant l'endroit approprié, je dis aux élèves « *one* ».

Je les invite à nommer les autres réglettes d'après cette indication, ce qu'ils font sans difficulté.

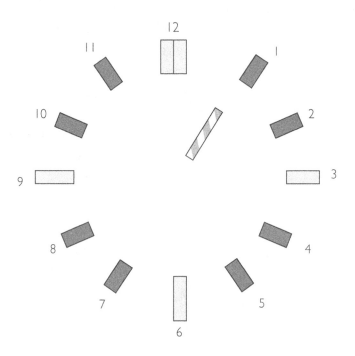

Sur l'illustration, les réglettes sont numérotées pour indiquer le rôle de la petite aiguille. Dans la classe, les élèves travaillent sans cette aide, car je compte sur leur pouvoir d'évocation.

Quand ils ont nommé toutes les positions de la petite aiguille, j'enlève la réglette rose, et la remplace par la bleue, placée (en faisant référence à un compas) vers le « nord ». Je pose mes deux index sur les réglettes rouges situées au nord-nord-est et nord-nord-ouest, et je dis « *five* ». Les élèves répètent « *five* ». Je déplace mes deux index pour montrer les réglettes rouges à l'est-nord-est et à l'ouest nord-ouest et j'attends, jusqu'à ce qu'un des élèves dise, « *ten* ». Certains disent « *twenty* » et « *twenty-five* » quand je déplace mes doigts vers les réglettes concernées. Les autres voient qu'il est possible de deviner, et cherchent à comprendre.

Je leur donne « *a quarter* » pour les réglettes à l'est et à l'ouest du cercle, « *o'clock* » pour le nord et « *half* » pour celle qui est au sud. Pour distinguer le côté est du côté ouest, je leur donne « *past* » pour le premier et « *to* » pour le second.

Je change d'aiguille de nouveau, et relance le travail avec l'autre, si nécessaire en échangeant les aiguilles entre elles plusieurs fois jusqu'à ce que tout le monde distingue bien la fonction de chacune.

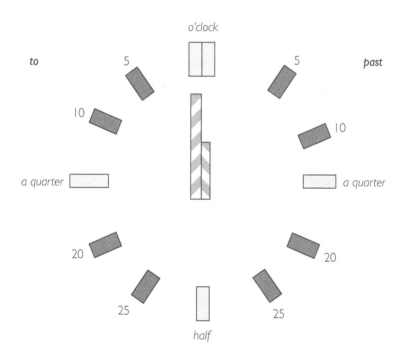

Quand j'estime que tout le monde est en mesure de suivre, je remets la grande aiguille de façon à solliciter « *ten past* ». Les élèves le donnent. Je place la petite aiguille en face de « *one* » et je fais courir mon doigt le long des réglettes afin d'indiquer qu'il faut commencer avec la grande aiguille, puis dire ce que représente la petite. Les élèves disent « *ten past* » suive de « *one* ». Je leur indique la nécessité de lier les deux énoncés pour n'en faire qu'un, ce qu'ils font sans difficulté.

Nous passons quelques minutes à dire l'heure. J'indique l'aiguille avec laquelle il faut commencer jusqu'à ce que tout le monde le sache bien pour tous les cas de figure.

Si je m'aperçois que quelqu'un dans la classe a besoin de plus de temps, je le fais s'asseoir à ma place, face à la classe, et lui demande de montrer les combinaisons qu'il trouve difficiles. La personne assise à cette place est toujours silencieuse, comme je le suis toujours moi-même, et cet élève ne fait pas exception. La classe donne les réponses, l'élève se contente de changer les « aiguilles » de place.

Je lui dis : « *On va faire une farce à tous les autres !* » et je prends l'une des deux réglettes vertes placées sur 12 pour la mettre à côté de celle qui signale 6. Cela a pour effet d'inverser l'horloge. Soudain, tous les élèves regardent l'horloge à l'envers, excepté mon élève qui, étant assis à ma place, est le seul à la voir à l'endroit. Ce changement relance les élèves, qui sont obligés d'inverser l'horloge mentalement pour trouver l'heure. Je place ensuite la réglette verte ailleurs, faisant tourner l'horloge comme je le souhaite. Au lieu de changer les aiguilles de place, je change la place du 12.

Nous passons ce qui reste de l'heure à faire des exercices de ce genre, jusqu'à ce que tout le monde soit à l'aise.

Si les élèves possèdent déjà la numération, le coût en « unités mémorisées » de l'apprentissage de l'heure en anglais est de six ogdens, c'est-à-dire qu'il existe seulement six nouvelles unités de vocabulaire pour savoir dire l'heure.

It's three o'clock

L'heure comme base d'un travail sur le rythme

Quelques jours plus tard, je continue l'étude de l'heure, mais sous la forme d'un jeu de rythme. Je vérifie que tout le monde se souvient bien de ce qui a été fait, puis je frappe dans mes mains trois grands coups (signalés ici avec trois X comme suit : X X X).

Je demande aux élèves de deviner l'heure que j'ai frappée. Le plus souvent, plusieurs devinent juste, ce qui étonne beaucoup les autres. Ils se rendent compte que X X X peut être « *five past one* » ou « *ten past two* », mais pas « *ten to one* », qui doit se frapper X x X. Nous passons quelques minutes à deviner, à partir de rythmes frappés, l'heure que j'ai en tête. Si un élève se trompe, je frappe ce qu'il propose, puis l'exemple actuel. Quand les élèves peuvent deviner les exemples faciles, nous passons à des exemples plus ardus.

x X x x X x ne peut être que « *a quarter to seven* », à l'exclusion de toute autre combinaison.

X x X X en revanche, peut représenter dix combinaisons différentes, toutes des «*twenty past*»: «*Twenty past one*», «*twenty past two*», «*twenty past three*», etc., excepté «*seven*» et «*eleven*». «*Seven*» comporte deux battements, «*eleven*» en a trois, et cela est audible dans les frappes. Les autres nombres n'en comportent qu'un.

Si les élèves éprouvent des difficultés, ce qui arrive souvent, je peux revenir en arrière pour frapper différentes combinaisons en leur demandant simplement si la réponse va se situer côté «*to*» ou côté «*past*». Ils sont souvent étonnés de découvrir qu'il est possible dans tous les cas de le savoir par la simple écoute du rythme de l'énoncé, sans que les paroles soient nécessaires. C'est une découverte capitale pour la suite de leur étude de la langue anglaise.

La température

Il suffit de quelques mots pour introduire les expressions concernant la température. Le mot «*degrees*» permet de dire les températures au-dessus de zéro: 6°, qui se dit «*six degrees*», 15°, qui se dit «*fifteen degrees*».

Pour les températures en dessous de zéro, il existe deux façons d'en parler: «*It's minus 6*» ou «*It's 6 below*».

La météo

En ce qui concerne la météorologie, le travail est plus difficile, car nous sommes en présence d'un vocabulaire «*sans avenir*». Il n'est pas possible d'utiliser des mots comme «*windy*» ou «*cloudy*» autrement que pour dire «*it's windy*» ou «*it's cloudy*». On ne peut pas réellement travailler avec des mots de ce genre, car ils sont très peu contextualisables; on ne peut que leur substituer d'autres mots du même genre.

« *It's cold* » peut devenir « *It's windy* » ou « *It's wet* », « *It's cloudy* » ou encore « *It's dry* ». Quel intérêt cela présente-t-il à ce stade de l'apprentissage ?

Les mots et les structures qui « ont de l'avenir » sont ceux qu'il est possible de réutiliser rapidement à des fins autres que celles pour lesquelles ils ont été introduits. Les mots de la numération sont utilisables un peu partout dans la langue. Ils sont donc rentables.

N'oublions pas que notre rôle est d'introduire et de faire travailler les parties de la langue les plus complexes afin qu'elles soient pratiquées autant que possible dans le temps imparti de notre cours. Le lecteur voit ainsi immédiatement pourquoi les expressions concernant la météo n'ont aucun intérêt immédiat pour nous.

Je préfère introduire le vocabulaire du temps qu'il fait au fur et à mesure des changements de climat pendant l'année. Le jour où il fait froid est le meilleur moment pour apprendre à dire « *It's cold* » et « *I'm cold* ».

CHAPITRE 14

Travailler avec des étudiants plus avancés

De même qu'un ébéniste ou un menuisier peut fabriquer une table, une chaise ou des étagères avec ses outils, avec les miens, je peux travailler avec n'importe quelle personne étudiant l'anglais. Toute personne qui s'adresse à un professeur de langue estime qu'elle a des problèmes dans un domaine ou un autre de la langue et je me sais équipée pour travailler avec elle, quels que soient ses difficultés et son niveau. Je dispose du panneau sons/couleurs pour travailler la prononciation, du Fidel pour le rapport entre l'orthographe et les sons et des panneaux de mots et des réglettes pour les structures de la langue. J'ai mon pointeur pour donner la dynamique de la langue, les impulsions et le rythme, et je possède une gamme de techniques pour inciter mes élèves à parler.

Qui sont les clients de niveau non débutant ?

D'après mon expérience, la très grande majorité d'étudiants qui prennent des cours d'anglais après avoir quitté l'école désire apprendre à réellement parler la langue. Ils doivent vendre des chaussures à New York, des yaourts au Royaume-Uni, des centrales nucléaires quelque part dans le monde ou ils vont s'exprimer à une conférence et doivent pouvoir présenter leurs produits ou leur recherche et négocier leurs contrats en anglais. Quelques-uns sont retraités : ils veulent discuter avec des gens de différents pays lors de leurs voyages.

L'anglais de ces personnes est souvent de mauvaise qualité. Leur prononciation est lacunaire, leurs structures sont très limitées en nombre et souvent défectueuses, les temps verbaux sont désorganisés et sur-

L'ANGLAIS AVEC L'APPROCHE SILENT WAY®

tout, elles n'ont aucune fluidité de parole. Elles ont besoin d'un travail conséquent pour installer des automatismes justes et réussir à parler avec aisance.

Le plus souvent, dans ma situation professionnelle, je dispose soit d'une semaine ou deux en cours intensif, soit d'une année en cours du soir, pour faire en sorte que leur anglais devienne opérationnel.

Nous allons à présent examiner comment il convient de travailler avec deux niveaux : les faux débutants et les plus avancés.

Travailler avec des groupes de faible niveau

Une expérience instructive

Plutôt que de donner des généralités, il me semble utile de décrire exactement comment ce type de cours se déroule. Voici le récit d'un cours du soir pour faux débutants, d'une durée totale de cinquante heures, à raison de deux heures par semaine. Il a eu lieu en 1998-1999. Il s'agissait d'un groupe de douze personnes, ce nombre étant la limite inférieure pour un bon cours de ce genre — j'aurais préféré plus. Trois ou quatre des participants possédaient deux à trois ans d'anglais scolaire en deuxième langue. Certains avaient déjà suivi une année en cours du soir avec Silent Way, donc ils bénéficiaient de cinquante heures d'anglais au début de ce cours. Ils avaient l'avantage de savoir déjà comment nous allions travailler : ils savaient que c'était leur responsabilité de parler et la mienne de corriger. La plupart des participants avaient plus de 50 ans, et plusieurs étaient retraités.

Voici le récit de cette expérience.

J'ai commencé la classe à la mi-septembre, en racontant aux participants mon « histoire de la langue anglaise » (voir Annexe n° 1, page 271).

Je voulais qu'ils sachent qu'ils possédaient déjà beaucoup d'anglais justement parce qu'ils étaient français, et qu'il suffirait d'activer ce qu'ils avaient pour parler la langue. J'ai poursuivi en leur disant que désormais, c'était à eux d'animer les débats. Chacun devait trouver une question qu'il voulait poser à quelqu'un dans la classe et se lancer.

Pendant quelques semaines, ils ont trouvé cet exercice difficile. En outre, j'avais un gros souci : ils voulaient tous absolument prendre des notes. Pour ma part, je ne voulais pas qu'ils en prennent. Je savais que s'ils étaient occupés à noter, ils ne seraient pas tout à notre conversation. Finalement, nous avons trouvé un compromis. J'enregistrerais le cours au magnétophone, le retranscrirais et le leur donnerais imprimé la semaine suivante. C'est ce que nous avons fait jusqu'à la fin de l'année, et c'est la raison pour laquelle je peux relater ici ce qui s'est passé à l'époque. Pendant que nous attendions l'arrivée de chacun au cours hebdomadaire, ils lisaient le cours de la semaine précédente ; s'ils avaient des questions, je répondais. En général, il n'y en avait pas, car le travail avait été bien fait.

Voici le déroulement de la première soirée où j'ai enregistré. Les lettres désignent les différents locuteurs, les tirets indiquent un changement de sujet. Les répliques notées « Ens » indiquent des constructions alternatives introduites par mes soins.

Illustration

Thursday 12th November, 1998
– Y : *Virginia writes with her left hand.*
Ens : *She's left-handed.*
R : *I'm right-handed.*
M : *Everybody is right-handed except Virginia.*
Y : *Was it a problem for you when you were at school, Virginia ?*
V : *No, it wasn't.*
B : *Young children haven't decided which hand they will use.*

— J-P : I have ordered an English magazine, and I am having problems reading it.

M : Which magazine did you order ?

J-P : I ordered Vocable.

— R : When are you going to retire, Yolande ?

Y : In June 1999.

M : Yolande has promised champagne for the month of June 1999.

R : She is going to retire then.

D : We will all remember Yolande's promise !

Y : When are you going to retire ?

Th : In ten years' time, if I can save enough money.

— R : Can you repeat your sentence, please ?

Ens : Say it again !

— M-H : Virginia began work at the Redoute a week ago.

Y : Virginia, what do you do there ?

V : I receive the packets and I register them on the computer.

— J : What music does he like ?

V : He likes pop music.

Ce n'était guère une conversation, même si les participants semblaient chercher à se focaliser sur un sujet et pas simplement à créer des phrases au hasard des idées qui leur viennent à l'esprit. Moi aussi, j'étais dans un processus d'apprentissage. Je me suis rendu compte qu'ils avaient besoin de plus de structure pour ce cours. Je leur ai donc demandé d'essayer d'en savoir autant que possible sur un membre du groupe.

(Quand je tapais le cours, je mettais des têtes de chapitres. Je les ai laissées ici.)

Voici une conversation qui aiderait à illustrer le rôle que je prenais.

Illustration

Thursday 3rd December 1998

1. Jean Lacouture was in town

M : Last Thursday, I went to a conference by Jean Lacouture and Jean-Pierre was there.

V: Who is Jean Lacouture?

J-P : He is a journalist and a writer.

V: What does he write about?

M : He writes biographies.

Ens : He writes biographies about famous people.

M : About Michel de Montaigne, François Mitterrand, Charles de Gaulle...

Ens : What does he write?

M : He writes books.

J-P : He writes articles.

Ens : What does he write about?

J-P : He writes about famous people.

Y : He writes about politics.

— J : From where I am sitting I can see the moon, like in a fairy story.

J-P : The moon is full tonight.

Y : It's very beautiful.

— D : Is it possible to close the door?

Ens : Of course, but we are still waiting for Claudine and Serge.

M-H : Perhaps there is an accident.

M : Maybe there is an accident along the way.

R : There may be an accident along the way.

Y : They may be late because of an accident.

Th : It's not good to laugh about accidents.

M : Yolande! Stop laughing! Some things are serious!

> *Planches Lane*
> *Planches Way*
> *Plançon Street*
> *Kennedy Boulevard*
> *Siffert Avenue*
> *The Belfort Road*

> *There is a railway line from Besançon to Pontarlier.*
> *There are some runways at Roissy.*
> *There is a subway in New York.*
> *There is a highway between Besançon and Pontarlier.*
> *There is a motorway between Besançon and Paris.*

2. Virginia

Y: Virginia, how old are you?

V: I'm twenty-two.

M: She's young!

Y: She's the youngest in the group.

Ens: She's the youngest of the group.

Ens: She's the youngest of us.

C: Are you married?

V: No, I'm not.

R: Are you single?

V: Yes I am.

J-P: If you aren't married, then you are single, of course!

V: Yes, I'm single.

E: Have you got any children?

V: No I haven't.

M: Have you got many friends?

V: Yes I have. I've got a lot of friends.

J-P: What is the name of your best friend?

V: Her name is Marilyne.

J: Were you born in Besançon?

Y: Where were you born? In Besançon?

B: Yes I was.

R: Have you got any brothers or sisters?

V: I've got one brother.

S: Do you live with your parents?

V: Yes I do.

C: Have you still got all your grandparents?

V: No I haven't. I've only got two grandparents. I've got my mother's mother, and my father's mother.

Ens: I've got my maternal grandmother and my paternal grandmother.

Ens: Both your grandfathers are dead.

J: How do you spend your free time?

V: I like riding my motorbike.
C: Where do you go?
V: I go to the valley of the Loue.
D: All the motorbike riders go to the valley of the Loue!
J-P: What sort of motorbike have you got?
V: I've got a Kawazaki 500 GPZ.
J-P: How fast can you go with your motorbike?
V: I can go at 160 kms an hour.
Y: She can go at 160 kms an hour.
J-P: How fast can your motorbike go?
Ens: How fast can it go?
V: I don't know.
Ens: I don't know how fast it can go.
M: Have you got a car or only a motorbike?
V: I haven't got a car, I've only got a motorbike.
C: When it rains, it isn't pleasant.
V: When it rains, my father lends me his car!
Ens: When it rains, her father lends her his car.
Ens: When it rains, her father lends Virginia his car.
J: What was the last movie you saw?
V: I don't remember, because I never go to the cinema.
D: I'm tired.
C: It's eight o'clock. It's time to stop

Cette conversation est déjà bien plus structurée, bien plus étoffée que la précédente : les étudiants semblent faire l'effort de se parler réellement. Elle permet aussi aux lecteurs d'avoir un aperçu de ma façon de travailler avec ces étudiants. Bien évidemment, je m'exprime très peu. Mon anglais est excellent — je suis anglophone — ; ce sont donc mes étudiants qui doivent s'exercer dans la langue, pas moi.

Quand une phrase était proposée pour la première fois, je demandais à la classe en français si tout le monde avait compris ce que la personne avait essayé de dire. S'il y avait le moindre doute, je montrais les mots sur les panneaux ou sur le Fidel. Les participants avaient presque toujours compris le message. C'est important, car ils apprenaient rapidement que transmettre le message ne nécessite pas un niveau de langue très élevé. Ils pouvaient communiquer. C'était la qualité qui posait problème, non la communication.

Au fur et à mesure que les phrases étaient proposées, j'étendais mes mains dans un geste d'ouverture censé signifier «*Comment pouvez-vous corriger la phrase?*». La classe essayait collectivement de construire la phrase en anglais correct, proposant telle ou telle chose. J'acceptais toutes les suggestions qui nous aidaient, et ainsi nous nous approchions de la phrase. Quand ils proposaient leur meilleure tentative, je donnais de petites indications susceptibles de les aider à trouver la phrase telle qu'elle se dit en anglais. Pour cela, j'optais la correction sur les doigts. Cette technique donne souvent naissance à plusieurs versions de la phrase. C'est visible, dans la conversation précédente, dans le petit dialogue concernant l'accident. Chacune de ces constructions a été dite plusieurs fois jusqu'à ce que je sois satisfaite de la qualité. Les étudiants parlaient tous en même temps pendant cette phase du travail.

J'ai ajouté du vocabulaire si c'était nécessaire pour produire la phrase du moment; il s'agissait de mots qu'aucun étudiant n'avait pu trouver. Sachant que le vocabulaire est facile à oublier, j'ai toujours essayé de trouver une idée susceptible de les aider à s'en souvenir. Je pouvais trouver le même mot dans un contexte français. Par exemple, «*snow*», un mot qu'ils ne connaissaient pas, se trouve dans «*snowboard*», un mot qu'ils connaissent. Ou je pouvais trouver un mot en anglais qu'ils avaient déjà rencontré — «*the African bush*» lié au Président américain George Bush; ou encore un mot ayant une racine connue. J'ai signalé les changements d'orthographe que l'on trouve entre les deux langues: «gu» ou «g» en français devient «w» en anglais: «*Guillaume*» devient

« *William* », « *garde-robe* » devient « *wardrobe* », « *guerre* » devient « *war* », etc. J'essayais de leur donner un aide-mémoire utile.

J'ai étendu leur vocabulaire en même temps en me servant de séries. Dans cette conversation le mot « *way* » se présente. Je l'ai étendu à « *railway* », « *runway* » et « *subway* » pour qu'ils développent un ressenti par rapport à la notion de « *way* ». Dans cette conversation, j'ai également ajouté les noms de quelques rues bien connues de notre ville. Ils ont pu produire collectivement la liste suivante, « *way* », « *lane* », « *street* », « *avenue* », « *boulevard* » et « *road* » avec une idée du genre de voie concernée. Je ne leur ai donné que les mots qu'ils ne pouvaient pas trouver seuls.

Puis j'ai indiqué que nous pouvions reprendre le cours de la conversation. La personne qui avait produit la phrase au début en a choisi sa version préférée, ainsi que la personne à qui elle désirait s'adresser, et la conversation s'est poursuivie... Aucune des phrases produites n'a été écrite au tableau.

Arrivé au mois de mars, les conversations sont devenues de vraies discussions. Voici ce qui s'est produit le 18 mars.

Illustration

Thursday 18th March 1999

Danielle's trip

D : I won't be present next week because I'm going to Amsterdam.
M : You can sing « On the port of Amsterdam » on the port of Amsterdam!
Y : How long are you going to spend in Amsterdam?
D : I'm going to spend a week.
J : Are you taking the TGV?
D : No, I'm not. I'm taking the new train, the Thalys.
R : What is the Thalys? Is it a special train?
D : Yes it is. The Thalys is a special train for Amsterdam.

J-P: The Thalys goes through Brussels.
(Ens: Brussels sprouts are good to eat.)
M-H: The Thalys is blue. It's very comfortable.
J: How long will the train trip last?
D: It will last about six hours.
Mo: Where will you take the train?
D: I'll take the train in Besançon.
Y: In Paris will you take a taxi or the underground to go from the Gare de Lyon to the Gare du Nord?
D: I will take the underground.
Th: Where are you leaving from?
D: I'm leaving from Besançon.
J: When are you leaving?
D: I'm leaving on Sunday at 6 o'clock in the morning.
Ens: I'm leaving on Sunday at 6 a.m.
Y: Do you speak Dutch?
D: No I don't. But in Amsterdam, they speak English, and so do I!
J-P: Creuff was called The Flying Dutchman.
Ens: Creuff's nickname was The Flying Dutchman.
Th: Now he is a coach.
M: No, he has retired.
R:« The Flying Dutchman » is the name of an opera too.
Ens: « The Flying Dutchman » is also the name of an opera, by Wagner.
E: You will eat chips!
D: No, It's a pity. Amsterdam is the capital of cheese.
E: No, no!
D: Of other cheeses... Amsterdam is the capital of other cheese.
M: Mickey Mouse cheeses!
E: That's right! I agree with you.
M: Shame on you!
Y: Do you like Dutch cheese?
D: Yes I do, especially when I eat it on the spot.

Ens: I have a spot on my trousers.
Ens: A spotlight
Ens: Eric, stand up! On the spot!

E : Do you prefer Comté or Dutch cheeses?
D : I like all cheeses. I love cheese.
M : In two weeks' time, we will eat some cheese from Amsterdam.
Y : Yes, sure!
M : I will bring a bottle of wine.
E : Or beer from the Netherlands.
R : She will bring us beer from Holland.
Y : She will bring us some beer from Amsterdam to drink with the cheese.
J-P : What sort of wine will you bring, Marcel?
M : I will bring a Jura wine or a Burgundy wine or a Provence wine, whatever you like.
E : I'll bring the glasses!
Y : Your glasses are not expensive glasses!
E : I'll bring crystal glasses!
M : Which wine would you prefer?
J-P : Which wine goes best with Dutch cheese?
M : I will bring a bottle of Bordeaux and a bottle of Jura wine.
Th : One bottle per person!
Y : If we drink a bottle of wine per person, we'll all get very drunk!
M-H : Completely drunk!
J-P : The cheese is only a pretext for drinking!
J : That's true!

> *Ens : True is the opposite of false.*
> *Ens : a false beginner*
> *Ens : true - a true story*
> *Ens : I told the truth.*
> *Ens : I told a lie = I lied.*

J : That's right

> *Ens : a right angle*
> *Ens : The opposite of right is wrong.*

Les étudiants sont arrivés à un stade où ils pouvaient vraiment discuter les uns avec les autres de leur vie de tous les jours. Le cours était devenu une sorte de fête. Ils venaient toutes les semaines avec grand plaisir pour bavarder et se découvrir. Nous avons bu du champagne une demi-douzaine de fois après la classe pour fêter une retraite, des anniversaires, le voyage à Amsterdam. Nous avons découvert de nombreuses choses les uns sur les autres, qui ont surgi très naturellement au fil de la conversation.

Parmi les choses que nous avons découvertes, citons les exemples suivants :

- Yolande a un nouveau petit-fils ; nous avons parlé de sa naissance pendant les deux heures. C'était une naissance inhabituelle ;
- Marcel chante dans un chœur semi-professionnel ; il distille ses propres prunes et pommes et maintenant qu'il a pris sa retraite, représente la ville de Besançon au Burkina Faso. Il nous a expliqué comment travaille un bouilleur de cru, y compris le règlement concernant cette pratique ;
- Gérard court des semi-marathons ; il nous a expliqué son entraînement et ses courses ;
- Thierry court des marathons. Il était absent pendant une semaine pour courir le marathon des sables. Il nous a expliqué l'organisation de cette course et les difficultés que rencontre un coureur ;
- Danielle adore voyager, et a vu Leonardo Di Caprio quand elle était en Italie ; elle nous a parlé de ses voyages ;
- Jean-Pierre a été élevé en Italie, et parle le romain et le vénitien ; il nous a expliqué en détail la situation linguistique en Italie et le rôle de l'italien dans le pays ;
- Rolande aime la musique d'opéra et assiste à des concerts maintenant qu'elle est en retraite ;
- La plupart des étudiants sont allés en Suisse pour une exposition d'art ; ils ont parlé longuement de ce voyage et du peintre ;
- Etc.

Tous ces sujets sont venus dans la conversation d'une manière entièrement naturelle. Ils ont été abordés sous la forme de questions et réponses, jamais sous la forme d'un discours préparé.

Apprendre à écrire

Puisque certains étudiants voulaient apprendre à écrire, je leur ai proposé de m'écrire des lettres. Je leur ai demandé de ne pas écrire sur les problèmes politiques du moment comme l'insécurité ou les déchets nucléaires, mais au sujet de leur vie. Au lieu de corriger les lettres, j'en écrivais une en retour. Toutes les lettres, les leurs comme les miennes, étaient rédigées à la main. Une des personnes qui écrivait régulièrement était Marcel. Voici sa première lettre :

26 - 11 - 1998

Roselyne

I have some difficulty to folloy the class of Englisch save if I do some efforts at the house, with the books, cassettes and computer.
I hope not to annoy my friends more in advance than me.
I am going to work again, with my excuses to question sometimes.
Thank you very much for your patience.

Marcel

Voici ma réponse à Marcel :

2nd December 1998

Dear Marcel,

You tell me you have some problems following the English class, except if you make an effort at home with books and cassettes and the computer.
You hope you don't annoy the students who are more advanced than you. I'm sure you won't.
I'm not very patient. I like working with students!
Thank you for writing to me. I hope you will do it again.
Good bye for tonight.

Roslyn

Quand j'ai demandé à Marcel si je pouvais emprunter sa série de lettres pour préparer un écrit sur cette classe, j'ai découvert ce que je soup-çonnais. Il utilisait bien mes réponses pour corriger ses lettres. Je ne lui avais jamais demandé s'il le faisait, même si, à juger par les progrès qu'il avait accomplis, je me doutais bien que c'était le cas.

Voici ce que nous nous sommes écrit plusieurs mois plus tard :

Mamirolle, Wednesday 5th May 1999

Dear Roslyn,

Soon the English class will be ended. Still three lessons to learn a maximum of words and english sentences. Now, I can understand a little more the writing, but I have still a lot of difficulties to understand the english speaking — my ears do not perceive the subtleties of it. Perhaps in numerous years of working with a friend english near me, I will be more competitive to speak.
I hope the beautiful weather gives you the pleasure of gardening. Did you find the materials for the roses in front of your house?
At the moment, the Chenestrels are repeating the programme of concert in Bouclans. You will learn a negro spiritual: steal away, so Schubert, Mendelssohn and gregorian, latin, French song too. We will sing Hoec Dies of J Gallus in eight voices. It is very beautiful, but it is difficult for us. I think that a lot of people will come to listen our choir.
Now, I'm going to work in the loft and to finish the fence behind my home.

See you soon,

Marcel

P.S. Thursday 6th May, I will speak a little more, like last Thursday. It's more my nature.

Voici ma réponse à la lettre de Marcel :

Dear Marcel,

Yes, the course is almost finished. I feel you have made a lot of progress, especially in writing. You are right, it takes a lot of time to learn a language, but if you have an English friend, you will learn to speak more quickly.
I have tendonitis in my elbow, so it's difficult for me to garden at the moment. I have put 6 tons of rock in my trailer now, and my elbows are finished!
Yes, we found the posts and supporting bases for the posts. Now we are waiting for the mason to cement the bases into the ground.
I will be very happy to hear your music. I love negro spirituals, and Schubert is my favourite composer. I'll arrive early to get a good seat. It's always a good idea to speak as much as possible.

See you soon, Marcel

Roslyn

Ma lettre à Marcel est écrite comme s'il était devenu mon ami, et c'était le cas. Quinze ans après, je suis toujours en contact avec lui et avec d'autres élèves de cette classe. Ces lettres sont le témoin d'une vraie correspondance entre nous. Cela s'est passé de la même manière avec tous les étudiants qui ont choisi d'écrire.

Combien de temps me faut-il pour travailler de cette manière ?

Les enseignants veulent souvent savoir si cette façon de travailler prend beaucoup de temps personnel. Je répondrais oui et non... Écrire les lettres ne prend pas très longtemps. Je peux écrire une lettre comme la réponse ci-dessus à Marcel en quelques minutes. En termes de volume, chaque étudiant a reçu de moi à peu près autant qu'il écrivait, mais je n'ai jamais répondu plus d'une page, alors que certains étudiants ont écrit jusqu'à deux pages. Il m'a fallu à peu près une heure pour retranscrire la bande magnétique, ce qui n'était pas excessif. D'un autre côté, le cours ne pouvait pas être préparé, puisque je ne décidais pas de ce qui allait y être discuté ou accompli.

Travailler avec des groupes de niveau plus élevé

Avec des groupes de niveau plus élevé, je commence en prévenant la classe que je désire que tout ce qui se dit soit vrai. C'est essentiel au bon fonctionnement de la classe et à leur apprentissage de l'anglais. Puis le cours commence. Je pointe sur les panneaux de mots une question du genre : « *What did you do last weekend?* » Cette question me convient, parce qu'elle est très ouverte : forcément, tout le monde a une réponse, et toutes les réponses sont susceptibles d'être différentes, du moins dans les détails. Il peut y avoir un grand nombre de détails ; il suffit de décliner : « *Friday evening* », « *Saturday morning* », etc. Nous pouvons passer de nombreuses heures à travailler une question comme celle-ci.

Une fois que tout le monde sait dire convenablement la question, je demande à quelqu'un de la poser à son voisin. Il arrive que celui-ci ne comprenne pas qu'il va devoir répondre ! Pour certains, poser la question constitue la fin du processus. C'est là que je mesure à quel point ils n'ont jamais réellement conversé en anglais. Ils n'ont même pas l'idée qu'une question mérite une réponse ! Je signale au voisin de répondre, et souvent, il me demande ce qu'il faut qu'il dise.

– « *Comment je le saurais, moi ? Je n'étais pas avec toi le week-end dernier !*
– *Ah, vous voulez que je réponde vraiment !*
– *Oui, c'était une question !*
– *Ah !* »

C'est un moment fort... Fort important pour toute l'année, car il pose le ton de la classe.

Donc la conversation démarre. Au bout d'une heure, nous aurons découvert quelques informations sur certaines personnes seulement, car toutes les phrases sont corrigées au fur et à mesure. Dès qu'une réponse est prête, c'est-à-dire à la fois correcte et bien énoncée, je fais reposer la question, car je veux que cette dernière et sa réponse soient juxtaposées. La réponse est très exactement la réponse de cette personne à cette question et pas à une autre.

À d'autres moments, je peux aider ce processus à débuter en demandant aux étudiants de passer la leçon à découvrir tout ce qu'ils peuvent sur une personne dans le groupe. Bien sûr, je choisis un extraverti comme cible. Ce sont les étudiants qui doivent trouver les questions et les poser. S'il y a un silence, je n'essaie pas de le combler, j'attends. Mon rôle n'est pas d'animer, mais de maintenir la qualité de ce qui est dit. Tout est corrigé, en particulier avec la correction sur les doigts.

Au début, donc, la conversation est assez laborieuse, mais au bout de quelques heures ou de quelques séances, les étudiants savent mieux comment s'y prendre pour maintenir la conversation. Ils se mettent à poser leurs propres questions aux uns et aux autres. Ils développent une liberté dans les rapports personnels au sein du groupe. Les autres étudiants deviennent des personnes à qui l'on pose une question pour obtenir leur réponse.

Après une heure ou deux, une fois que les étudiants ont bien compris et intégré comment nous allons travailler, je cherche l'occasion de raconter à mes élèves l'histoire de la langue anglaise (voir l'annexe, page 271). Le but, comme précédemment, est de leur donner l'idée qu'ils possèdent déjà beaucoup de mots en anglais et que, s'ils ont une chose à dire, ils peuvent tenter de s'exécuter. Je veux qu'ils osent. Cette histoire de la langue anglaise agit souvent comme un catalyseur. Les étudiants arrivent avec l'impression qu'ils ne connaissent rien d'utile dans la langue — quelques bribes sans lien entre elles —, et voilà qu'ils découvrent qu'ils savent des milliers de mots. Et pas n'importe lesquels. Ce sont des mots avec lesquels ils peuvent réellement exprimer ce qu'ils ont envie de dire. Ce sont des mots permettant de converser entre adultes.

Travailler en face à face

Dans un travail qui se fait « *one to one* », c'est-à-dire avec l'enseignant face à un élève, je place un rouleau de papier pour chevalet sur la table ; nous nous asseyons face à face, et je demande à mon élève de parler de lui-même. Je veux qu'il me dise qui il est, ce qu'il fait, et pour quelles raisons il vient apprendre l'anglais. Je veux tout savoir de lui et je l'aide en lui posant des dizaines de questions.

Dans cette situation, je ne peux pas rester silencieuse, mais j'ai toujours conscience que mon rôle n'est pas de parler, mais de faire parler. Il est le sujet qu'il connaît le mieux, et le sujet dont il aura besoin dans ses tractations. Je l'encourage à m'expliquer ce qu'il peut, en dessinant sur le papier posé sur la table pour aider à se faire comprendre. Ce papier est le témoin du cours. Il contiendra la totalité des explications données, les erreurs faites et corrigées, ainsi que les traces des discussions.

Typiquement, au bout de quelques heures, une amélioration du niveau de l'étudiant est déjà visible : il commence à avoir quelques automatismes, sa fluidité de parole s'améliore, les mots lui viennent à l'esprit plus rapidement. Je sais alors qu'il est temps de commencer à travailler sur son métier. Je veux connaître la structure de son entreprise, la disposition des bâtiments, où se trouve son bureau, quel produit il vend, etc. Finalement, au bout de trois ou quatre jours, nous arrivons à l'étape consistant à découvrir les raisons de son apprentissage. S'il est vendeur, il me vendra son produit dix fois, me racontera pourquoi je devrais acheter le sien plutôt que celui de son concurrent, il me listera tous les avantages de son produit, des services de son entreprise, etc. Je lui demanderai quels sont les côtés négatifs du produit, de quoi il faut se méfier si on veut l'acheter, etc. Bref, à la fin de la semaine, il saura parler de lui et de son produit.

C'est ainsi que je sais comment sont fabriqués des yaourts par paquet de quatre avec des fruits différents dans chaque alvéole, comment est structuré l'intérieur d'un char Leclerc, comment la recherche est menée dans le domaine de la micromécanique, comment on calcule les taux d'intérêt dans une banque, comment on fabrique un film argentique, comment on greffe un foie, et mille autres choses. Chaque élève a son histoire à raconter, et le fait d'abord comme il peut, puis comme il veut. Il gagne en fluidité, en assurance. À la fin de la semaine, il sait qu'il a gagné en autonomie dans la langue. Il sait qu'il comprendra les questions qu'on pourra lui poser. Il sait aussi sur quoi il doit travailler pour avancer encore. Et très souvent, il a appris à aimer la langue anglaise.

Les objectifs envisageables

Avec des élèves de ce type, il est complètement illusoire d'imaginer qu'il sera possible dans le temps imparti d'augmenter de beaucoup la quantité d'anglais de l'élève. Améliorer la qualité de l'expression également nécessite aussi beaucoup plus de temps... En revanche, en règle générale, il faut une à deux semaines à temps plein pour que quelqu'un ayant cinq, six ou sept années d'anglais scolaire réussisse à atteindre une fluidité et une aisance suffisantes pour qu'il se sente relativement à l'aise dans la langue.

Ces étudiants sont probablement condamnés à vivre avec un niveau de langue médiocre toute leur vie. Ils veulent communiquer et ne pensent qu'au message, ne prêtant pas attention à la formulation de celui-ci.

Ils utilisent la langue comme moyen de communication sans réfléchir à l'utilisation qu'ils font de la langue, et ne peuvent donc pas intervenir sur leurs automatismes pour changer la forme. Or, pour changer un automatisme, il faut en être conscient; c'est impossible autrement. Il faut apprendre à se voir en train d'agir automatiquement, et intervenir avant que l'action se produise. Il est difficile pour la plupart des personnes de changer leurs automatismes une fois que ceux-ci sont fossilisés. Et pour arriver à le faire, il faut du temps et de la présence. C'est pourquoi il vaut mieux enseigner de façon à ne pas laisser s'installer des automatismes erronés.

Mon rôle dans ce genre de cours est de créer les conditions incitant mon élève à parler, et de l'avertir par un signe — un doigt qui bouge par exemple — qu'il commet une erreur par automatisme. Chaque fois qu'il fait une erreur, je lui signale qu'il doit s'arrêter pour reprendre. Certains mots sont particulièrement difficiles. Par exemple, le mot « *to* » en anglais, utilisé pour indiquer une direction, est rarement automatisé correctement.

Il existe des exceptions. Ce sont des gens très présents à eux-mêmes, et qui peuvent corriger leurs propres automatismes. Nous développons des automatismes pour ne pas avoir à réfléchir à tout. Quand je me promène dans la rue avec un ami, ma digestion se fait automatiquement – ceci depuis quelques mois après ma naissance —, je marche automatiquement — je n'ai pas à réfléchir à mon équilibre en marchant —, c'est automatique depuis ma petite enfance. Je sais où je vais dans la rue, parce que je connais ma ville, et je me situe dans cette rue sans avoir à y réfléchir. Tous ces aspects de ma vie se déroulent de façon automatique, ce qui me libère pour discuter avec mon ami. Je suis entièrement présente à lui. C'est ainsi que nous vivons notre vie, ce qui est utile pour la vivre, mais pas pour apprendre.

Le « bon élève » est celui qui s'entend parler; il choisit ce qu'il dit et s'entend le dire et, de ce fait, peut intervenir pour modifier ses propres automatismes. Les meilleurs élèves que j'aie jamais eus étaient un trapéziste de cirque, qui devait faire preuve d'une grande présence de par son métier — pour lui, une absence, ne serait-ce que d'un instant, serait absolument fatale — et une violoniste concertiste, dont la vie d'artiste requiert également une grande présence. Ce type d'élève peut espérer progresser dans son niveau d'anglais actuel.

En guise de conclusion...

Dans ce livre, nous vous avons proposé une manière radicalement différente d'enseigner les langues. Nous vous suggérons d'abandonner livres et méthodes pour enseigner aux élèves et aux étudiants comment s'exprimer sur leur propre vie. Vous pourrez désormais leur donner assez de liberté pour le faire. La qualité du langage n'est en rien amoindrie par cette façon de travailler, bien au contraire, et la qualité des échanges entre les participants s'en trouve nettement améliorée. La classe se transforme en un groupe d'amis qui se retrouvent pour travailler avec sérieux, mais aussi avec plaisir. C'est là l'un des aspects les plus importants pour un groupe d'étudiants.

Il est possible d'effectuer ce changement par étapes. Le seul équipement nécessaire est un pointeur. Vous pouvez choisir un domaine comme la numération décrit au chapitre 12, et essayer de donner deux ou trois leçons sans parler. De même, les indications données au chapitre 13 sont faciles à mettre en œuvre avec un minimum de préparation. Il suffit d'écrire en vrac au tableau les quelques mots qui vont probablement apparaître pour vous lancer dans cette aventure. Vous pouvez y ajouter des mots qui seraient introduits de façon inattendue au fur et à mesure si nécessaire. Vous pouvez très bien utiliser les réglettes pour introduire certaines notions. Si vous constatez une différence dans l'attitude de vos élèves, vous serez peut-être tenté d'aller un peu plus loin dans cette démarche.

Il a déjà été dit dans la préface, et je le répète ici, que ce livre ne remplace pas une formation sur l'utilisation de Silent Way. Son but est de vous donner quelques clés pour démarrer avec efficacité. Il vous donne un aperçu de ce que l'approche peut vous apporter. Si vous désirez aller plus loin et vous former, il convient de trouver un formateur d'enseignants ayant lui-même reçu une formation adéquate, et possédant un minimum d'une dizaine d'années d'expérience avec Silent Way dans une salle de classe.

Vous trouverez plus d'informations sur les sites suivants :

Une Éducation Pour Demain : www.uneeducationpourdemain.org

Educational Solutions Worldwide : www.educationalsolutions.com

Il existe également des centaines d'exercices en ligne créés par Glenys Hanson, enseignante Silent Way chevronnée, sur le site d'Une Éducation Pour Demain à l'adresse suivante : http://pagesperso-orange.fr/une.education.pour.demain/rodsex/rodsindex.htm. Ils donneront d'autres idées de présentations et de situations à utiliser en classe.

Annexes

Pour les classes de francophones :
une très brève histoire
de la langue anglaise

J'utilise l'histoire qui suit quand je travaille avec des adultes francophones non débutants en anglais, même avec ceux dont le niveau est
très faible (« *low intermediate* »). Je ne l'emploie jamais avec des enfants,
car l'histoire que je raconte nécessite un niveau de culture générale que
les enfants ne peuvent avoir. Voici comment je m'y prends.

Je dessine en moins d'une minute au tableau une carte extrêmement
sommaire de l'Europe. Souvent, il ne devient évident qu'il s'agit bien
du Vieux Continent qu'au moment où j'ajoute la botte de l'Italie. La Norvège et la mer Baltique constituent un œuf un peu bosselé, presque
fermé, avec un petit passage vers l'Atlantique ; j'ai besoin d'un Dane-
mark assez bien esquissé avec le Jutland qui remonte vers la Norvège.
Puis ma ligne descend un peu en biais ; la Bretagne doit être bien mar-
quée. L'Espagne et le Portugal forment presque un carré, la Méditer-
ranée va être un second œuf, sans oublier d'ajouter la botte... Je finis
par deux triangles, l'un à l'endroit où est située la Grande Bretagne,
l'autre à l'envers pour l'Irlande. Il faut bien les placer, juste au-dessus
de la Normandie. Il faut moins de temps pour le dessiner que pour le
raconter... J'entends par les murmures des élèves que toute la classe
est avec moi pour le moment.

Je mets un point en plein milieu de la botte de l'Italie : Rome (j'écris
le mot). Puis, parlant assez lentement en anglais, répétant juste une
fois quelques phrases qui me semblent plus difficiles à comprendre, je
commence mon histoire... Au fur et à mesure que je raconte, j'écris les

© Eyrolles

mots importants au tableau pour que l'histoire soit au moins vaguement compréhensible de tous. Le but n'est pas qu'elle soit entièrement comprise, je ne cherche qu'à tracer les grandes lignes de cette histoire, et les détails ne sont pas importants.

Julius Caesar (j'écris son nom) *arrived in Britain in 55 BC* (j'écris « 55 BC: *before Christ* »). *The Romans pushed the Celtes* (j'écris le mot) *west to Cornwall, to Scotland and to Ireland* (je touche les trois endroits et dessine trois flèches). *For 300 years* (j'écris 300) *everyone spoke Latin* (j'articule bien ce mot) *in England.*

In about 400, (j'écris le nombre) *the Vikings arrived.* (J'écris juste le nom.) Puis je demande : *Where did the Vikings come from?* (Souvent quelqu'un peut répondre en anglais ou en français : le nord, *the north, Scandinavia, Germany...*) *For about 200 years, they came, they pillaged and they went home.* (Avec des gestes pour indiquer les directions.) *But round about the year 600* (j'écris la date), *they came, and they stayed.* (Un geste d'enracinement dans le triangle Angleterre). *What languages did they speak?* (Parfois, quelques personnes peuvent répondre.) *German. Different dialects of German. You call people from Great Britain Anglo-Saxons. Where did the Saxons come from? Saxony. Where is Saxony? Here.* (Je montre sur ma carte.) *Where did the Angles come from? A region called Angeln which is just here, just behind Jutland.* (Je fais des gestes pour localiser. C'est la partie côtière du Schleswig-Holstein.) *So from the year 600 to 1066* (J'écris la date), *English people spoke Anglo-Saxon. Anglo-Saxon is the same as Old English* (J'écris ces deux mots).

The next important date is 1066 (J'indique la date). *In France you have 1515* (J'écris la date), *the date every French person knows. In England, we have 1066, the date every English person knows. What happened in 1066?* (Quelquefois, un élève peut le dire.) *William the Conqueror* (J'écris le nom) *won the Battle of Hastings. What is the name of William the Conqueror in French?* (Nous passons quelques instants sur « *William the Conqueror* », car il est important que les élèves le reconnaissent comme étant Guillaume le Conquérant.) *Where did William come from?* (Souvent personne ne peut répondre...) *He came from Normandy. He came from Caen.* (J'ajoute un point sur la carte vers la côte de la Normandie.) *In 1066, he won the Battle of Hastings* (J'ajoute un point sur la côte sud de l'Angleterre pour Hastings). *He moved to England and installed his barons* (j'écris le mot) *all round the country.* (J'ajoute des points par ci, par là pour indiquer des lieux, mais rien de précis, car je ne vise pas de villes particulières.)

What language did William speak? French. The Anglo-Saxons spoke anglo-saxon, and William and the barons spoke French. So England was divided into two levels. (Je fais des gestes horizontaux pour indiquer les deux couches sociales, les Français au-dessus, les Anglo-Saxons en dessous.) *William and the barons who spoke French, and the Anglo-Saxons who spoke anglo-saxon.* (Je fais une toute petite pause, juste quelques secondes...)

The nobles spoke French and the Anglo-saxons spoke Anglo-saxon, a germanic language. And they didn't understand each other. The nobles didn't understand the serfs (j'écris le mot) *and the serfs didn't understand the nobles.*

As you know, in German and in French you use endings — in French, you have -ons, -ez, -ions, -iez, -erait, (j'en écris une ou deux) *and in German words like gebringen, gesprochen* (j'écris ces deux). *Because they didn't understand each other, they all started to speak in a simplified way. « Me Tarzan, you Jane. »* (Je fais des gestes pour renforcer l'idée ; c'est Tarzan, fort et droit, noble, qui parle, les élèves sont les Jane.) *They dropped off all the endings, all the complications and just kept the meaning. And everybody developed a taste for simplicity: subject, verb, compliment.*

England was bilingual for 350 years. (J'écris le nombre.) *The two languages merged* (Je fais un geste de rencontre des mains) *by about 1400.*

(J'écris la date.) *This was the beginning of Modern English.* (J'écris les mots.)

Why is this important for you? Because 50 % (J'écris 50 %) *of English comes from French. English is a simple version of German, with French vocabulary. There are thousands of French words in English, so you have a very big advantage. You already have lots of vocabulary in English. You just have to learn how to use it.*

Let's look at how English functions.

The barons lived in the castles. The Anglo-Saxons worked for them in the fields. They were serfs. (Je touche le mot, déjà écrit.) *In the fields, what are the names of the animals? Cow (cowboy, yes!) and what is it called in modern German? Kuh. Cow is an anglo-saxon word.* (Je commence à construire un tableau, avec le mot « cow ».) *And other animals?* (Les élèves peuvent quelquefois me donner d'autres noms d'animaux.)

kuh	*cow*
schaf (e)	*sheep*
kalb	*calf*
schwein	*pig*

One day, the baron says: « On Sunday, we are going to eat one. » So the animal is killed and comes into the kitchen. What is the cow called in the kitchen? Beef. Je construis le tableau suivant:

kuh	*cow*	bœuf	*beef*
schaf(e)	*sheep*	mouton	*mutton*
kalb	*calf*	veau ——⋯⋯⋗ un veau, une velle	*veal*
schwein	*pig*	porc	*pork*

And now, 950 years later (j'écris 950), *in English we have two words for animals from the farm, a Germanic word for when the animals are outside in the fields and a French word for when they are in the kitchen.*

So you can see here the influence of French. French is used for the noble parts of English. And you will find this everywhere in English. French is used in formal contexts, anglo-saxon is used in conversations between simple people like you and me.

So if you want to say something, try and say it ; there is a good chance that you will be understood. If your prononciation is not too bad, there is a good chance that you will be understood.

Des mots d'origine commune

Au cours de l'année ou du cours, je demande souvent si un mot est d'origine française ou germanique et si c'est le cas, je demande si quelqu'un peut trouver l'équivalent français. Par exemple, quand le mot « *kind* » (« *What kind of...* ») *est introduit*, nous voyons au passage « *sort* » et « *type* » (« *What sort of...* » et « *What type of...* »). Donc nous avons trois choix pour le prix d'un... Le seul problème reste d'apprendre à les prononcer...

Un peu plus tard dans l'année, je consacre une séance à commencer à lister des mots qui existent dans les deux langues. Ce sont les deux seuls moments où je parle dans le cours. Et encore, dans cette seconde leçon, je peux limiter ma participation à quelques remarques, une fois que mes élèves sont lancés.

Je leur dis : « *Let's spend a few minutes looking for words that are in French and in English.* »

J'écris « nation » au tableau. Quelqu'un propose un autre mot, par exemple « addition », que j'ajoute. Un grand nombre de mots en « -tion » existent dans les deux langues. Au passage, nous tombons souvent sur des mots ayant fait le voyage inverse comme « parking », « jogging », « footing » et j'indique que si on fait abstraction de la terminaison, comme d'habitude, alors oui, ce sont des mots anglais. Les sports nous offrent beaucoup d'exemples également. Des mots d'origine anglo-saxonne comme « *basket* », « *ball* », « *hand* », « *goal* », « *corner* », « *penalty* » et des dizaines d'autres constituent un filon à exploiter.

Nous finissons par avoir un tableau rempli de mots qui existent dans les deux langues.

Pourquoi tant de mots issus de l'anglais entrent-ils dans la langue française ? Si c'est si facile pour les mots de traverser la Manche, c'est parce que beaucoup sont de retour. Ils ont commencé leur vie en français. Un mot comme «*parking*» vient du mot «parc» en français et a fait deux fois le voyage, une fois du français vers l'anglais, et une seconde fois, des centaines d'années après, de l'anglais vers le français.

Il est inutile de donner ici des listes de mots, car il en existe des milliers. Quand le tableau est rempli d'exemples, la leçon est terminée. La leçon, en fait, consiste non à lister le vocabulaire, mais à constater le nombre d'exemples. Mes élèves francophones ont un trésor qu'ils ne connaissent pas. Il importe d'attirer leur attention là-dessus.

Quelquefois, les étudiants me demandent conseil sur des livres sur les mots communs à l'anglais et au français, ou sur l'histoire de la langue anglaise. Je leur propose les livres d'Henriette Walter :

Honni soit qui mal y pense : L'incroyable histoire d'amour entre le français et l'anglais, Le Livre de Poche, 2003.

L'aventure des mots français venus d'ailleurs, Le Livre de Poche, 1999.

L'aventure des langues en Occident, Le Livre de Poche, 1996.

Caleb Gattegno en quelques mots

Silent Way n'a pas émergé de l'esprit de Caleb Gattegno sous une forme achevée. Ce dernier avait pris conscience du besoin de trouver une meilleure façon d'enseigner les langues étrangères dès la fin de la Seconde Guerre mondiale, et l'approche a évolué pendant plus de vingt-cinq ans.

Caleb Gattegno naquit en Égypte à Alexandrie, en 1911. Il grandit dans un environnement plurilingue et apprit enfant à parler l'arabe, le français, l'espagnol et l'italien, entre autres. De ses propres dires, il fut médiocre à l'école jusqu'à ce qu'il s'aperçoive qu'il ne pouvait comprendre les notions présentées par ses enseignants que s'il les lisait dans le texte. Il se mit donc à lire les œuvres de Newton, de Kelvin, de Maxwell... En autodidacte, il obtint une licence ès sciences de l'Université de Marseille en 1929, à l'âge de 18 ans, une licence d'enseignement en chimie et une en physique de cette même université en 1931, puis un DEA en mathématiques en 1936. De l'université de Bâle, en Suisse, il obtint un doctorat en mathématiques en 1937.

En 1932, Caleb Gattegno fonda le Séminaire des Mathématique à Alexandrie, et en 1937, l'Institut d'études scientifiques avancées au Caire, institut qu'il dirigea jusqu'en 1945. Il commença à cette époque à publier des articles sur l'éducation et l'enseignement des mathématiques, ce qui marqua le début d'une longue série de publication d'un très grand nombre d'articles et de plus de cinquante livres.

Après la Seconde Guerre mondiale, Caleb Gattegno se retrouva au Royaume-Uni où il travailla à l'Université de Liverpool, puis à l'Institut d'Éducation à Londres comme professeur de mathématiques. Puisqu'il parlait l'arabe, on lui demanda de faire passer l'examen oral aux candidats, très peu nombreux, qui passaient leur «A-level» dans cette langue. Il constata qu'aucun des candidats ne parlait la langue, et ainsi prit conscience du problème que posait l'enseignement de la langue parlée dans les écoles. Pendant les années qui suivirent, il se questionna beaucoup sur ce problème.

En 1953, il visita la classe de Georges Cuisenaire, un instituteur belge qui avait inventé les réglettes, nommées depuis «réglettes Cuisenaire». Georges Cuisenaire utilisait ce matériel comme un accessoire pédagogique pour l'enseignement des mathématiques dans sa classe. Caleb Gattegno comprit immédiatement l'intérêt des réglettes et se lança dans ce qui est devenu l'un des axes majeurs de sa vie, la propagation de leur utilisation à grande échelle pour l'enseignement des mathématiques.

Caleb Gattegno visita plus de quarante pays, démontrant l'utilisation des réglettes avec sa propre approche pédagogique, écrivant des livres pour les enseignants et les élèves. Il fonda des entreprises dans plusieurs pays pour commercialiser les réglettes et les livres. Pendant cette période, il fonda également plusieurs autres organisations.

En 1947, il créa l'École normale internationale, dont le but était d'entreprendre des études afin de maintenir la paix dans le monde, la dirigeant jusqu'en 1957. En 1950, il constitua la Commission internationale pour l'étude et l'amélioration de l'enseignement des mathématiques (CIEAEM), où il exerça le rôle de secrétaire jusqu'en 1960. Enfin, en 1952, il fonda en Belgique l'Association belge des enseignants de mathématiques et, au Royaume-Uni, ce qui est devenu The Association of Teachers of Mathematics (ATM). Il édita le journal de l'ATM pendant des années.

Cependant, il se rendit compte rapidement que les réglettes Cuisenaire pouvaient servir également dans l'enseignement des langues pour surmonter le problème de l'apprentissage de la langue parlée. Recourant aux réglettes pour créer des situations non ambiguës susceptibles de déclencher l'utilisation de la langue chez ses élèves, il créa la première version de l'approche qu'il nomma plus tard Silent Way 1 par ce que l'enseignant reste silencieux.

En 1957-1958, travaillant pour l'Unesco, Caleb Gattegno vécut en Éthiopie, où son travail consistait à créer des livres destinés aux enseignants de mathématiques et à leurs élèves. Lors de ce séjour, il rencontra la langue amharique, langue franche de cette région. Cet idiome possède un syllabaire d'un grand nombre de lettres, présentées habituellement sous la forme d'un tableau à double entrée, appelé Fidel. Les enfants passaient plusieurs mois, voire des années, à apprendre le Fidel et donc l'orthographe de cette langue, et beaucoup d'enfants quittaient l'école avant de savoir lire et écrire.

Caleb Gattegno prit conscience qu'il serait possible de raccourcir cette période considérablement, simplement en coloriant les lettres de façon à rendre leur construction évidente — la consonne en haut de chaque lettre, et la voyelle en bas. Le lendemain, il se procura des craies de couleur sur le marché et produisit un panneau, attribuant une couleur à chaque son afin de rendre les relations évidentes. Ce panneau fut testé sur un grand nombre d'élèves non lecteurs, adultes et enfants, et montra sa puissante efficacité. Ainsi naquit l'intérêt que Caleb Gattegno porta toute sa vie au problème de l'analphabétisme dans le monde et Silent Way 2.

L'introduction du Fidel en couleurs. En 1978, pendant le tournage d'une série de films dans une classe d'anglais, Caleb Gattegno eut besoin d'un matériel plus compact que le Fidel pour représenter les sons de la langue et inventa le panneau Sons/Couleurs. Celui-ci fut matérialisé dès le lendemain et servit pendant le tournage. Ce panneau avait une telle puissance pour enseigner la prononciation que Caleb Gattegno produisit le même outil pour d'autres langues, créant ainsi la dernière version de cette approche à ce jour.

Pendant les années 1950 et 1960, Caleb Gattegno fit le tour du monde huit fois, travaillant avec des milliers d'enseignants sur l'enseignement des mathématiques, de la lecture et des langues étrangères. Pendant cette période, il produisit des prototypes de panneaux pour la plupart des langues occidentales, ainsi que pour le russe, l'arabe, le hindi, le mandarin, le japonais et le chinois. Plus tard, il produisit les matériels pour des langues qui nous sont moins connues — le tagalog, langue des Philippines, le créole d'Haïti, le maori, le tahitien, le hawaiien, le lakota des Indiens du Dakota, et l'inupiak, la langue des Esquimaux. À la fin de sa vie, il avait produit le matériel pour une quarantaine de langues et animé des démonstrations pour des milliers d'enseignants de langues sur l'utilisation de Silent Way.

En 1965, Caleb Gattegno quitta le Royaume-Uni pour New York, où il fonda Educational Solutions, un laboratoire d'exploration et d'expérimentations de tous les problèmes du domaine de l'éducation qui se présentaient à lui.

La création de matériels représente le côté technique de la contribution de Caleb Gattegno à l'éducation. Bien plus important est son travail théorique, né d'un besoin de comprendre son environnement et lui-même. Il créa une théorie de l'homme et de sa place dans l'univers, de notre façon d'apprendre, et donc d'évoluer. Cette théorie comporte une théorie générale de l'apprentissage qui s'applique à toute activité humaine. Elle est le soubassement de tout son travail. Elle est présentée dans l'un de ses livres majeurs, publié en plusieurs parties à partir de 1976 : *La science de l'éducation*. Un autre de ses grands livres, *The Mind Teaches the Brain* (Educational Solutions, 2010), donne une description détaillée de la dynamique de l'esprit.

Dans le domaine de l'éducation, sa contribution majeure est certainement le constat que seule la conscience est éducable. Cette observation lui a permis d'étudier tous les apprentissages depuis ceux faits au stade embryonnaire jusqu'à la fin de chaque vie, ainsi que toutes les découvertes faites par des scientifiques travaillant aux frontières de l'inconnu de l'Humanité. Cette vaste vision lui a permis de créer une approche intégrée de l'enseignement de toutes les matières de n'importe quel curriculum. Les matériels constituent la technologie de sa science de l'éducation.

Caleb Gattegno mourut à Paris en 1988, quelques jours après avoir mené deux séminaires en français ; le dernier de sa vie fut un séminaire de dix jours sur le mystère de la communication. Il vécut sa vie en citoyen du monde, transcendant les nationalités et les croyances. Son expérience lui permit de distinguer le local du général, le culturel de l'humain, l'universel du particulier. Sa pédagogie est la plus universelle qui existe aujourd'hui.

Ceux qui découvrent l'approche pédagogique de Caleb Gattegno se demandent, et demandent souvent aux anciens : « *Pourquoi est-elle restée si confidentielle pendant tant d'années ?* » ; « *Pourquoi n'est-elle pas utilisée plus largement et reste inconnue de l'Éducation nationale ?* » ; « *Pourquoi tout le monde ne s'en sert-il pas ?* »

Il y a plusieurs raisons à cela.

Premièrement, le modèle à la base de tout le système éducatif en France, et dans la plupart des pays développés, est celui de la transmission de connaissances. Le dialogue pédagogique des didacticiens concerne la meilleure façon de transmettre les connaissances, mais ils ne questionnent que rarement le bien-fondé du modèle lui-même. Quand ils le font, ils ne peuvent pas fournir, pour chaque matière, un mode d'emploi précis de ce qu'ils envisagent comme la meilleure façon de faire. Ils ne sont pas dans les classes et manquent d'expérience sur le terrain. Dans le domaine de l'enseignement des langues, les livres pour les élèves se succèdent année après année avec des modifications de surface, sans que le modèle même de l'approche communicative soit remis en question, et sans que l'on constate une amélioration du niveau des élèves en langue parlée. Plutôt que la transmission des connaissances, nous prônons la construction des savoirs. Un pays comme la Finlande, qui a adopté il y a une trentaine d'années un modèle basé sur la construction des savoirs, a vu ses résultats s'améliorer au point de devenir le champion du monde dans tous les comparatifs des résultats.

Deuxièmement, ceux qui deviennent enseignants sont toujours des rescapés du système éducatif et leur expérience de la vie scolaire n'est pas complètement négative. Ils ne voient pas toujours pour quelle(s) raison(s) il conviendrait de changer leur façon de travailler. Ils constatent des difficultés de tout ordre dans leurs classes mais ne les attribuent que rarement à leur enseignement.

Troisièmement, même si un enseignant veut changer sa façon d'enseigner, ce n'est pas si facile. Par quoi la remplacer ? Il faut tout réinventer, tout remettre à plat et recommencer de zéro, chose difficile. Il faut une bonne dose de courage pour opérer un tel changement. Les enseignants ont souvent une compréhension lacunaire de ce que vivent les élèves qui sombrent. La plupart des enseignants sont très motivés pour aider leurs élèves, mais souvent complètement démunis sur le plan technique. Est utile celui qui sait faire, bien plus que celui qui veut faire. C'est un domaine où la bonne volonté ne suffit pas.

Ce livre est le premier qui explique comment débuter avec Silent Way, une approche qui existe depuis plus de soixante ans. Gageons que plus d'enseignants l'adopteront à présent que la voie est mieux fléchée. S'ils y arrivent, ils seront ravis du résultat.

Quelques notions de phonétique

Cette liste est organisée d'après le panneau Sons/Couleurs présenté dans le chapitre 5. Les voyelles sont illustrées par la liste des «Standard Lexical Sets for English» élaboré par John Wells[1]. Les symboles phonétiques sont ceux utilisés par le *Longman Pronunciation Dictionary* de Wells.

Voyelles

Symbole phoné-tique	Mot clé stan-dardisé	Couleur associée (les noms sont stan-dardisés en anglais)	Exemples
iː	fleece	red	seed, key, seize
ɪ	kit	dark pink	ship, rip, dim, spirit
e	dress	ice blue	step, ebb, hem, terror
eɪ	face	ice blue/schwi	weight, rein, steak
ɪə	near	red/schwa	beer, pier, fierce, serious
eə	square	ice blue/schwi	care, air, wear, Mary
ɜː	nurse	blush	hurt, term, work
əʊ	goat	blush/schwu	soap, soul, home
ɑː	bath	purple	staff, clasp, calm, father, far, sharp
æ	trap	buff	bad, cab, ham, arrow
ʌ	strut	pale yellow	cub, rub, hum
aʊ	mouth	buff/schwu	pouch, noun, crowd, flower

1. Vous trouverez plus d'information sur les *Standard Lexical Sets* dans Wikipédia sous la rubrique «Wells Standard Lexical Sets».

aɪ	price	pale yellow/schwi	ripe, tribe, aisle, choir
ɔː	thought	brown	taut, hawk, broad, war, storm, for, floor
ɒ	lot	ocre	stop, rob, swan
ɔɪ	choice	brown/schwi	boy, void, coin
uː	goose	dark green	who, group, few
ʊ	foot	mouse	full, look, could
ʊə	cure	mouse/schwu	poor, tour, fury

Consonnes

Symbole phonétique	Couleur associée (les noms des couleurs sont standardisés)	Exemples
j	pink	yet, use, beauty
w	aqua	wet, one, when, queen
r	light orange	right, sorry, arrange
p	dark chestnut	pen, copy, happen
b	bottle green	back, bubble, job
m	orange	more, hammer, sum
f	mauve	fat, coffee, rough
v	khaki	view, heavy, move
θ	pale lime	thing, author, path
ð	sad pink	this, other, smooth
t	fuchsia	tea, tight, button
d	green	day, lader, odd
n	lavender	nice, know, funny, sun
l	bright blue	light, valley, feel
tʃ	fuchsia/sky blue	church, match, nature
dʒ	green/French blue	judge, age, soldier
s	lime green	soon, cease, sister
z	lilac	zero, zone, roses, buzz
ʃ	sky blue	ship, ocean, sure, station
ʒ	French blue	pleasure, vision

CPSIA information can be obtained
at www.ICGtesting.com
Printed in the USA
BVHW040249090520
579414BV00007B/214

9 782212 549782

k	gold	cup, kick, school
g	grey	go, give, get, giggle, ghost
ŋ	olive	ring, long, thanks, sung
h	pale blue	hot, whole, behind

Voyelles inaccentuées
(les petits points sur le panneau Sons/Couleurs)

Symbole phoné-tique	Mot clé stan-dardisé	Couleur associé (les noms des couleurs sont standardisés)	Exemples
i	schwi	pale pink	(happ)y, (rad)i(ation), basic, intend
ə	schwa	yellow	a(bout), (comm)a, (comm)o(n)
u	schwu	pale green	(infl)u(ence), (sit)u(ation), (biv)ou(ac)